Wenn der Hahn dreimal kräht
Eine Suche nach Wahrheit

Dieser Gedichtsband entstand mit freundlicher Unterstützung von

Verwaltungsstelle Wolfsburg

VIER LINDEN - Braunschweig

Wenn der Hahn dreimal kräht
Eine Suche nach Wahrheit

Lyrik von Rainer Beinlich

Bibliografische Information Der Deutschen Bibliothek:
Die Deutsche Bibliothek verzeichnet diese Publikation in der
Deutschen Nationalbibliografie; detaillierte bibliografische Daten
sind im Internet über < http://dnb.ddb.de > abrufbar.

© September 2004 — Rainer Beinlich, Braunschweig
http://www.lyriker.com
Herstellung und Verlag: Books on Demand GmbH, Norderstedt
Gestaltung, Satz und Layout: Rainer Beinlich, Braunschweig

ISBN 3-8334-1510-X

Die Themenkreise

Wir betrachten die Welt,
reden darüber,
wissen Bescheid.
Unser Stammtisch
durchforstet das Leben,
kein Zipfel ausgespart.
Mit tiefschürfender Leichtigkeit
legen wir das Geschehen klar.
Und das schöne ist,
nach diesen Gesprächen
fühlt es sich an, als sei es wahr.

In fremden Augen

In fremde Augen schaue ich.
Such Spiegelungen von mir selbst
und stelle unbekannte Menschen fest.
Kein Wiedersehen
im Blick des Gegenüber.
Kalt.
Ich schlag den Kragen hoch,
nachdem der Mantel eng gezogen,
dem Eise nicht getrotzt.
Durch leicht geschlossene Lider,
das Herz schlägt schnell und schwer,
sehe ich in Konturen
ein fremdes Ideal.
Die Augen aufgerissen nach diesem Licht,
die stärksten Reflexionen
und fernes Bild und eigne Sicht
erscheinen mir so oft,
bis ich sie nicht mehr sehe.
Unscharf, trübe, unerkannt.
Die Sicht bedürfte Korrektur
und Hilfe noch beim Sehen,
den Blick zu spalten,
auf mich und andere gleichermaßen.

Vergebung

Wie weit kannst du gehen,
bis der Abstand groß genug
zum Innehalten ausgereizt,
dem Erkennen Taten folgen.
Die Füße stehen auf weichem Grund,
bald sinkst du ein im eigenen Tun.
Im Kopf das Jetzt verflüchtigt sich
zu Gunsten eines Dämmerlichts.
Du ahnst nur noch Umarmung.
Hier Wärme aus dem Körper flieht,
die Liebe aus uns beiden
und wenn wir es bemerken,
wird jeder für sich leiden.
Der Fernblick eingegrenzt auf Sicht
hält uns in lock'rem Bann.
Doch löst du diese Fessel,
beendet sich Gemeinsamkeit.
Der Fall darauf ist abgrundtief
und nicht mehr aufzuhalten.
Wach auf und spann die Flügel,
auf das es nicht zum Sturze kommt.
Vielleicht ein wenig näher
gerückt, ist fast getan.
Vertrauensvoll gebettet
ist mein Haupt in deinem Schoß.
Der Dämon der Vergangenheit
hat sich auf diesen Tag gerettet.
In jener Furcht vor gestern
betrete ich dein Heiligtum
und warte auf Vergebung.

Mann und Frau

Mann:
Du liebe Frau,
lass mich doch ein,
ich kenne meinen Vater.

Frau:
Dies wäre Grund,
die Türe fest verschlossen,
dich draußen zu belassen.

Mann:
Was redest du?
Ich bin ganz anders,
hab meine Ahnen überwunden.

Frau:
Dann sieh das Spiegelbild:
Der Mund verzerrt,
die Augen sinnentleert.

Mann:
Schau nicht nur auf den Körper.
Ins Herz musst du mir sehn,
dein Misstrauen wird vergeh'n.

Frau:
Mein lieber Mann,
vor mehr als zwanzig Jahren
ranntest du offene Türen ein.

Mann:
Was trägst du für Gewichte
nach all der langen Zeit.
Schau hier und jetzt auf mich.

Frau:
Widerstrebend fall ich
auf deine Rede rein –
sei mir willkommen...

Und wenn sie nicht gestorben sind,
vergiften sie sich heute.

Eure Kinder sind nicht Euer Besitz.
Ihr könnt ihnen Eure Liebe geben,
aber nicht Eure Gedanken,
denn sie haben ihre eigenen Gedanken.
Wenn Ihr wollt, könnt Ihr Euch bemühen
zu werden wie sie,
aber Ihr dürft sie nicht dahin bringen wollen,
zu werden wie Ihr,
denn das Leben geht nicht rückwärts
und hält sich nicht auf beim Gestern.

Chamil Dschibran

Bandenbildung

Nur zarte Bande
binden,
reißfest nicht
den Vater an das Kind
und umgekehrt.
Mit einem Fuß
im Leben,
verhindernd
Toresschluss.
Verbinden
die Gefühle
die widerstrebende Kraft.

Ich kenne Dich,
ich ruf Dich an.

Kein Test
für die Verbundenheit.
Ich grüße locker,
Du grüßt zurück.
Wir kennen uns.

Jahrelang
gebrochenes Schweigen:
Was will ich wissen?
Will ich es wissen?
Zarte Bande,
sind nicht reißfest,
so halte ich die Bande
fest.

„Was bindet Dich ?"
„Du kannst ja gehen !"
verlassen
knallt die Tür
zu Ende...

Was bindet,
reißt,
der Wohlgeruch, Parfüm?
Die Aura
vertrauensvoll zu öffnen.

Was hindert
über Jahre
den Ausbruch
des Ureigenen
Ich weiß es nicht.

Gewohnheit
kann nicht alles
sein, Recht
zu unterdrücken –
da ist noch anderes.

Was Jahrzehnte
hielt, trotzdem
stellt es sich
mit Tränen
und sucht Identität.

Kaum schaute ich,
verspürte die Krümmung
des Wegs,
knirschte Sand unten
im Getriebe
und lautmalte
den Hintergrund. So verlief sich
unser Gespräch
in das Kreischen
von Plattheiten.
Ich vergaß dich zu grüßen,
sowie deinen Namen.
Zog aus
in meine Gedankenwelt.
Am Morgen lächelte ich
ahnend dir zu.
Erkannte in schüchternen Versuchen
die Nutzlosigkeit
meines ganzen Tuns –
schloss dich in die Arme;
vergessender Irrtum
von gestern.
Der Weg wirkte glatt,
schwarz der Asphalt,
ein wenig feucht von den Tränen.
Doch die Richtung
stimmte das Klavier
vor dem Bauch.

Die Musik der Gemeinschaft
hat sich verändert,
die Kanten sind vordergründig
und Ebenmaß zurückgedrängt.

Doch froh ob der eckigen Musik
sollte ich sein,
denn sie spielt wenigstens,
holprig, aber seit Jahren.

Und immer wird über Ansätze,
die Schwellen zu dämpfen,
gerungen mit der Macht des Wortes.
Schmieröl des Geistes.

Andere ausgetrocknet auf der Strecke
geblieben, fast nichts,
nur im Kopf da gab es mal Menschen,
zu Bildern geworden, ohne Namen.

Vertraue den anderen

Hüte dich
vor Jasagern,
die lächeln.

Dagegen die,
mit bitt'rem Mund.
Ihnen vertraue.
Es tut ihnen leid,
das Ja.
Sie drehen sich um,
wenn das Schicksal
dich ereilt.

Die Lächler
schauen zu
und gönnen sich
den Anblick.

Worte kullern
leicht gesagt,
Tiefe kommt von Menge,
denn das Tauchen
braucht mehr Zeit.

Sätze fallen
halb gefragt,
die Leichtigkeit des Sein.
Wenn da keine Fragen sind,
kann man alles sagen.

Erfahrungen

Ich ändere mich,
versprochen!
Okay,
ich mache es.
Natürlich,
Du hast recht.

Vorgesprochen
in kurzer Zeit.
Soviel Rede,
wie zehn Jahre
nicht die Summe
der Beziehungstat.

Versprechen pur,
nur nicht verlieren.
Verändert mich,
ja kehrt mich um.
Ich sehe jetzt
den richt'gen Punkt.

Und trotzdem
wirst Du gehen.
Mein Scharren
ändert nichts.
Du kennst mich
mit den Fehlern.

Die Zukunftssicht
gebrochen,
einmal, zuletzt.
Vergangen ruht,
Gemeinsamkeit
in Frieden.

Doch mein Herz
hört auf und zu.
Zu gut, zu schlecht.
Und künftig
werde ich mich hüten
treu zu sein.

Eine Vergangenheit

Nein,
nein nicht wieder.
Aufgehört ist aufgehört.
Dein Anfang
riecht nach Ende.

Schluss,
wir sprachen schon,
du weißt worüber.
Und trotzdem
missverstehst du Nein.

Nein,
erscheint dir als Beginn,
als Fokussierung,
Neubefassung.
Der Start zum Ufer, nein.

Stop !
ICH WILL NICHT !
Dein Leid
entsetzlich schwergewichtig.
Mein Rücken ist zu klein.

Ja,
richtig verstanden
eine Option : Nein !
Tausende Jahre vergessen,
erinnerst du mein.

Vergangene Freundschaft

Freundschaft
vergänglich.
Ein Wort,
das falsche
zur rechten Zeit.
Dann grüßt du
ohne Kuss,
falls man sich
trifft.
„Hallo"
tonlos, abgrundtief.
Gemeinsamkeit
weicht,
dem gemeinem Gruß.
Vergangenheit,
heute vergessen,
gestrichen
mit breitem Quast,
abgetropft.
Ein Kreuz
bei NEIN,
der Kreis ungeschlossen,
Wahlverwandtschaften.
Freundschaften,
falsche Worte
zu jeder Zeit.
Abgebrannte Räucherkerzen,
Gerüche,
Erinnerungen.
Na,
ich mochte dieser Duft
noch nie.
Verständnis ?
Für was.
Du tust
dir selber weh.
Leiden selbstbestimmt.
Nicht Du
sollst mich leidend machen,
dreh dich und bewege.
Hinter dem Rücken,
Zerstörung.

Folgeseite

Je schöner
die Idee und Vordergrund,
desto totaler
die Destruktion.
„Ich will nicht mehr,
da stimmt was nicht"
Zitate umgenutzt.
Ausgewichen
Hase, Langohr.
Flüchtegern.
Bekenner
im dunklen Gewässer :
„Ich kann nicht schwimmen"
Und käme der Retter,
zöge aus dem Boot
den zweiten Gefährten,
er schwämme sich frei.
Das Ruder,
Kapitän
rudern, rudern, rudern.
Gefährt in Fahrt.
Tobende Kopfgeburt,
Gedanke,
eine Handbreit drunter.
Schwimmen
in seichtem Gewässer.
Wohlwollen
von Wind und Wellen.
Die Sonne
wärmt das Gemüt.
Watend
steht das Wasser
am Kinn.
Ungeküsst
gehst du von der Bühne
und bleibst leben, –
aber Frosch.
Die Freundschaft,
schlägt einen Haken,
um dich.

Meine Fans

Geliebte Einsicht.
Gehoffte Vernunft.
Wer wäre nicht
unbesiegbar.
Wer nicht
der Liebling der Massen.
Umschmeichelt
liebkost, bejubelt:
Ich, ich, ich !
Sahst du
die Falte,
den Altersfleck,
das graugebeugte Haupt,
die Träne gar.
Die Angst
sie holen dich.
Schaffen es
ein Stück,
vielleicht den ganzen
Menschen
zu fangen, zerreißen,
beißen.
Fans,
Liebhaber,
liebgewonnene.
Ruhmreich
behangen mit Ketten.
Ich, ich will
eure Seelen –
ihr meine.
Geschafft
ist geschafft.
Gerade
rettete ich mich
mit einem Sprung
aus dem Fenster,
in der goldenen Stadt.
Dreißig Jahre
Krieg
zwischen euch
und mir
bleibt keine Wahl.

Folgeseite

Ich, ich gehe,
zurück ins Exil,
liebe mich –
und meide Fans.
Selbstfraß,
Fraß der Gedärme
selbstlos,
wir danken dir's.

Distanz
ist besser als Nähe.
Fass mich nicht an,
rühr nicht
am eisernen Abstand.
Entfernungen
töten.

Ihr und ich

Nichts außer dir
berührt dich stark,
doch jede Feder auf dich
fällt als Gewicht.

Hauchzarte Berührung
fordert Entsetzen.
Dein Energiefeld
hochspannungsführend.

Quält mich nicht
mit Worten, Taten,
gar ganzer Existenz.
Ich bin mir in euch genug.

Vergeblich hoffe ich
auf Ruhe
vor eurem Sturm.
Allein in mir – Orkan.

Oh, süßes Leben
von anderen denn mir.
Wie herrlich zusammen
seid ihr.

Quantum von Luft,
sauerstoffreich;
halt ich die Zeit an
unterm luftdichten Zelt.

In meinem Äther
höre ich keine Stimmen
von außen,
nur die meine von innen.

In Watte gegangen,
im Nebel gesehen,
im Dunkeln gedacht
und Helligkeit verschmäht.

Folgeseite

Fledermaus der Sinne,
blinder Kapitän,
Schiffer des Lebens
ums Kap der Hoffnung.

Glaubte ich euch,
glättet ihr Wellen
anstatt Begünstigung.
Ich könnte euch fassen.

Ich geh jetzt gleich,
ein letztes Mal
mit meinem Hund spazieren.
Dann wünsch ich mir,
ihr wärt noch da
und wartetet auf mich.
Zum Abschied
wär es gut,
ich hätte euch gesehen.
Dann prägten die Gesichter
sich fest auf meiner Seele ein
und wären unvergessen!

Plötzlich

Und plötzlich weggegangen,
wo ich doch gestern noch
an ihrer Seite lag.
Getrübter Blick,
verweinte Augen.
Der Anblick verbrannte
meinen Geist.

Zerwühlte Federbetten,
Berge aus Satin.
Im Tal lag dein Gesicht
mir abgewandt.
Doch die Erinnerung
entschwindet
bei angestrengtem Halten.

Und plötzlich vorbei,
der Gedanke für morgen.
Die Zukunft mit dir.
Das Alter geklärt,
die Jugend in Vergangenheit.
Wollte ich nicht
am Wochenende?

Dir meine Liebe gestehen,
meinen Lebensplan vorlegen.
Jeden weiteren Schritt,
besprechen.
So hätt ich auch nicht
vergessen –
dein Wollen.

Und nun weiß ich doch,
trotz klammer Finger
in der Kletterwand,
gesichert durch den Halter,
den Absturz,
aus gefühlter Höhe
voll gebremst.

Folgeseite

Mein Stöhnen und mein Schlagen
in jener Nacht,
als dein Weggang wehgetan,
vergaß der Morgen
danach –
als ich dich traf,
mein sicherer Halter.

Voll Glück
beschütze ich
mein.
Und vergesse.
Die Narben brennen
dein Bild mir ein.

Ich oder Du?

Du schaust
ihm direkt in die Augen,
ohne einen Millimeter
zur Seite zu weichen.
Doch schaudert es ihn?

Nährung,
aber keine Annäherung,
zehn Meter.
Der Abstand –
die Menschen
in den Fensterhöhlen
halten den Atem an –
auf kürzeste Distanz
verjüngt;
die Berührung
steht bevor.

Da,
ein Seitensprung,
ich hab gesiegt,
der andere unterlag.
Ein Jubel
braust die Häuser lang.
Welch Glück,
dass *ich* gesprungen.
Mein Schatten
liegt
nun hinter mir.

Inseltrauma

Ich rutsche,
wieder einmal
auf meinem Stuhl,
umgeben
von Körpern,
die ihre Hoffnung
beim Eintreten
fahrengelassen haben.
Rettung
kann ich
nicht geben.
Aber die Nähe
behindert
meine Bewegungen,
meine Freiheit.
Gefangenenrituale,
gefesselt,
zwischen gehen
und bleiben.

Wäre es nett
auf einer Insel
mit einer Palme,
Schreibtisch, Stuhl,
plätschernde Wässer,
anstelle
launigem Geschwätz?
Aber,
es gibt kein Bier,
keine schlechte Luft
oder schlechte Laune,
kein Stimmengewirr
auf dieser Insel.
So verlöre ich
die Möglichkeit
meine Gedanken
zu zügeln, zu richten.
Verwirrung,
Kopflosigkeit –
kein Inseltraum,
ein Trauma.

Mache dir keine Gedanken

Zickig anstatt ehrlich.
Gesichterstarrung anstelle von Ekel.
Nettigkeitslächeln statt bitterem Ernst.
Verkrampfung von Körper und Mimik.
Sage die Wahrheit
oder gehe.
Dreh dich nicht heraus,
entwinde dich nicht der Entscheidung.
Meide den Ort
der Unwahrheiten.
Mache dir keine Gedanken
unhöflich zu sein.
Sei im Moment
der, der du bist
und lächle,
wenn die Situation
entschärft,
die Last abgefallen ist.
Drehe dich zu den Peinigern
und verzeihe ihnen.

Unter der Haut

Der sanfte Wind
zaust mir Haar und Kinn.
Ich spür dein Streicheln
wohl auf dem Gesicht.
Sinn nicht weiter,
die Lösung steht auf meiner Stirn,
eingebrannt in großen Lettern.
So lies mir nicht die Augen,
schau zwischen Brauen
und Haaransatz genauer hin.
In tiefen Furchen liegt sie,
die Haut, mein Liebes,
sie ist zerfurcht, geschunden
und wetterfest in Kerben.
Da lies meine Tage,
du hast bestanden, keine Frage.
Der Wind umschmeichelt,
das Gesicht wird weich.
Die Mimik fällt und rutscht,
das Antlitz ist verschwunden.
Der wahre Mensch,
hinter all den Worten –
das Fleisch des Körpers,
sehr roh schaut es sich an.
Der Anblick aufgewühlt,
die Wahrheit freigespült.
Ich sehe Muskelfasern
und Blutgefäße pur,
doch deine Seele schau ich nur
mit meinen Händen.
Die Augen fest geschlossen
begreife ich den Glauben:
Seele kann ich nicht sehen.
Ich fass dich an,
dein Herz hör laut ich schlagen,
doch deine Seele erfahr ich nicht,
geschweige meine.
Denn sehen mit den Augen
ist anders sehen,
denn mit dem Herzen.

Unberührbare Tage

Die Wasserqualität
lässt Wünsche offen.
Das Salz auf deiner Haut,
nachdem der Wind
die Feuchtigkeit verwehte,
bildet Krusten aus.

Nur nicht berühren,
an diesen heißen Tagen.
Gebraucht wird dieser Schutz.
Verteidigung zerbräche
und Aura stürzte ein.
Ein Schock für meine Liebe.

So liegen wir getrennt
durch Tisch und Bett.
Das Seelenheil in Gelatine,
von deinem ungerührt,
verwandelt sich getrennt,
geschützt, zum höchsten.

Die Kleider abgelegt,
die Körper frei und offen,
doch angefasst wird nicht.
Berührung kann dich töten,
mit leichter Hand,
befasst mit eigenen Sorgen.

Das Wasser soll uns kühlen,
Kopf, Hand und Glieder.
Die Qualität ist schlecht.
Die Hitze dieser Tage
besticht durch Langsamkeit
und endet immer tragisch.

Aladin

Aladin hat seine Lampe verlegt.

„Schatz,
  hast Du sie gesehen?"
„Ja,
  als Du das letzte Mal
  an ihrem Schaft gerieben."
„Und wo ist sie dann
  verblieben?"
„Mein Lieber,
  lieber Aladin,
  ich wasche Deine Wäsche,
  kaufe für Dich ein,
  mach auch noch dieses oder jenes,
  von der Lampe weiß ich nicht.
  Da ist schon besser selbst gesucht."
„Wo soll ich sie denn suchen?"
„Du weißt doch wohl,
  wo Deine Schatten sind?
  Da musst Du fahnden."
„Oh Schatz, wie soll ich ohne Lampe
  in meine Schatten seh'n?"
„Dann lass Dir halt
  ein Licht aufgeh'n."

So irrt seit jenem Tage
der arme Aladin
im Dunkel seines Lebens,
auf der Suche nach dem Licht.
Apropos,
auch die Lampe fand er nicht.

Hey, küss die Füße
dieses Tisches.
Verkriech dich drunter
und darüber deck ich
dein Leben breitest aus.
Bei Kerzenschein verspeist
du meine Frau –
Schlau !
So hast du mich
mit Haut und Haaren,
fast verschluckt.
Doch höre zu!
Ich warne dich,
denn dieses „fast"
entspricht dem wahren
„Ich" in meinem Körper.
Zur Hölle sollst du
fahren mit dem Schlitten,
der in meinem Kopf verborgen,
seit Jahren auf die Fahrt
gewartet, nur auf dich.
Und meine Kräfte wachsen,
besonders Bart und Haar.
So lang bis gestern
Zukunft war.

Sternenstaus in ihrem Haar,
seit Tag und Jahr,
egal wie dessen Farbe war.
Ergraut nun, rot gefärbt,
mit Rosenhaut, gegerbt.
Und Strahlenauge,
Himmelsglüh'n,
verführerisch der Mund.
Ich kann sie nicht lassen,
den Schlaf es mir raubte,
säh' ich sie nicht mehr.

In vergangenen Tagen
wolltest du immer
dort sein, wo ich war.
Heute treffen wir uns
hin und wieder
am Morgen
und trinken verschieden.
Gute Nacht.

Wenn das nicht Liebe ist

Du liegst mit mir im Bett,
liegst mir in den Ohren,
im Garten liegst du,
während ich Rasen um dich mähe.

Du willst Kleidung haben,
machen soll ich dies und das,
dein Zeigefinger weist auf Dinge,
die zu ändern, anzulegen oder bessern sind.

Doch glaube mir, verzichten möchte ich
auf keine dieser kleinen Qualen,
auf keinen Fingerzeig,
mitnichten gar auf dich.

Deine Hand,
wie fühlt sie sich an –
in meiner,
auf meinen Augen,
um mich unsichtbar zu machen.
Auf meine Schulter
das Schluchzen zu beruhigen.
Die Gestik
lässt mich verstummen.
Deine Hand
ist mehr als Gefühl.
Warm oder kalt
erfahre ich die Körperlichkeit
deiner Existenz.

Ich schaue dich
einen ganzen Tag
nicht an.
Aber schaust du nicht
wie gewohnt,
bekomme ich Panik.

Das Strahlen deinen Augen,
selten genug,
sehe ich mit Freuden.
Da mag dein Mund verschlossen,
die Körperhaltung zu,
doch aufrecht scheint dein Geist
mir zugetan zu sein.

Die Sterne deiner Seele
zum Vorschein kommen,
ein Zeichen aus der Brust,
so siehst du mich mit hellem Blick.
Für den Moment
erkenn ich tiefstes Fühlen –
geliebt, ein Traum.

Gespräch zwischen Partnern

Du ?
Hab ich dir schon gesagt,
wie allein ich mich fühle?
Nein?
Okay, dusch ruhig weiter!

Was ?

Du möchtest allein duschen?
Na gut.
N'türlich stört die Tür,
abgeschlossen, ausgesperrt.

Glaub' nur nicht,
ich könnte nicht auch alleine...
Wieso, nachtragend?
Hier setzt du doch die Maßstäbe
für unser Zusammenleben.

Du,
ich geh' jetzt. Warum?
Meine Bedürfnisse befriedigen,
ein helles Klo, ein warmes Bier.
Es fällt mir schwer.

Nein,
nicht wirklich will ich mit dir duschen.
Nur die Tür, sie schließt mich aus.
Okay, ich suche nach Entspannung.
Ich, ich, ich geh' jetzt aus.

Die Große

Schmusen, schnurren,
Wohlgefühl,
das ganz Große, dicke.
Liebe,
die durch den Magen geht.
Kein Platz
für Schmollen, Schellte.
Alltäglichkeit erhoben
zum Sinn.
Montag auf Hawaii,
Dienstag Las Vegas,
Flitterwochensuite.
Mittwoch Paris, Montparnasse.
Donnerstag Palm Beach,
Freitag Monte Carlo
und am Wochenende
zu Hause,
im Himmelbett,
wie jeden Tag.
Doch keiner ist gleich
dem anderen.
Wohligkeit, Häuslichkeit,
Friede den Hütten,
Partner fürs Leben.
Unbekannte Vielzimmerwohnung.
Kein Trott, Mittelmäßigkeit,
grandioses Erlebnis.
Horizonte,
wo sonst Begrenzungen.
Himmel auf Erden,
ohne Angst
vor der Klimakatastrophe.
Bewegungen,
harmonisch abgestimmt
aufeinander.
Kein falscher Tritt,
ein Frohlocken.

Folgeseite

Ich hatte nur Augen
für sie (geschlossen)
und wohliges Schaudern.
So vernahm ich nicht
das Schlagen der Tür.
Sah sie nicht mit dem Koffer
die Treppe begehen.
Ich hätte doch
geholfen...
Oh, schweres Los.

Kinderglück

Helle Stunden,
dunkle Stunden.
Helle Streifen,
dunkle Streifen,
Zebrastreifen.

Helle Tage,
dunkle Tage,
Himmel dreut,
Himmel strahlt
Kondensstreifen.

Helle Gedanken,
dunkle Ideen.
Der Osten brennt,
der Westen.
Die Sonne geht.

Helle Augen,
Kinderaugen
unbefangen
Kinderglück
am Sonderstand.

Dunkle Augen,
Kinderaugen,
keine Tränen.
Früh vergossen,
gnadenlos.

Der Himmel weint
an dunklen Tagen.
Die Tropfen klatschen
auf die dunkle Haut, -
von außen.

Du wunderbare Beruhigung
der Zweisamkeit,
warm der Körper,
feucht die Lippen
und weich.
Augen geschlossen
sich fallen lassen,
Entspannung
einen Augenblick
aus sich heraus getreten,
Freiheit für den Moment,
von der eigenen Schwere.

Ich glaube alles
was ich höre.
Es ist der Schall,
den ich verehre,
der Wahrheit
physisch macht.

Von Anbeginn der Zeit,
meiner Zeit,
mein Trost, das Morgen.
Die Last von heute,
gewichtig lähmt sie
meinen Schritt.
Nur heute noch,
und morgen
bin ich vogelfrei.

Das zehnte Mal
gesehen in der Menge,
gekreuzt der Blick,
erkannt.
Und immer wieder
sehnsuchtsvoll
aus elfte mal
gewartet.

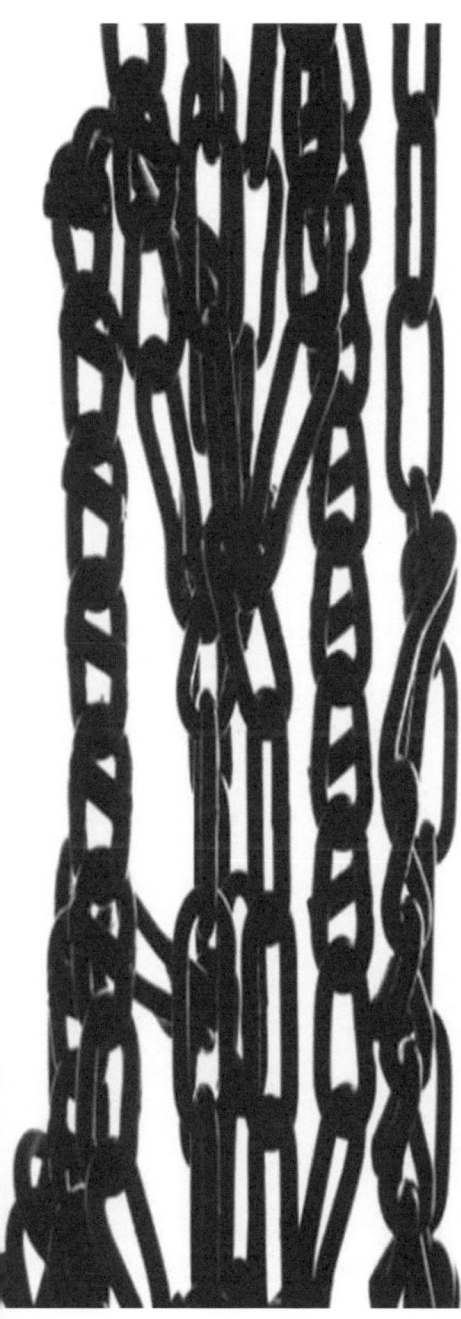

Wahrheit

Der Frühling blinzelte.
Der Journalist resümierte.
Für den Politiker war es klar
„Wir hatten keine Wahl...“.
Na logo, sonst wäre die Entscheidung
Vielleicht auch anders ausgefallen.

So sagten sie ja zur Nacht,
Den Nächten, zum Feuerwerk.
Legten die Menschen auf Waagen,
Befanden die einen für leichter,
Die anderen zu schwer zu leben.
Und sprachen von „grausiger Qual“.

Hunde geprügelt von Fremden,
Beißen nicht mehr in die Waden,
Des eigenen Herrn, so bös’ er auch sei!
Und Sommer kam über Nacht.
Es blühten Armeen von Haß -
Keine Vermehrung per Liebesakt.

Und als es Winter wurde
War klar, daß der Historiker meinte:
„...die Geschichte wird richten was wahr...“.
Tausende Menschenjahre werden pro Nacht
Im Verhältnis eins zu eins
Zur Wahrheit gebracht.

Schicksal

Vergegenwärtigt und vollendet,
das Schicksal bestimmt durch mich,
beeinflusst;
doch abgeschlossen,
geschehen ohne Wissen
der Umstände und Fadenzüge,
kenn ich die Wirkung nicht.
Noch nicht beendet,
die Zukunft, Futur zwei,
so ebne ich die Wege
und schmiede morgen
mit meiner Tat von heut.
Die Last auf meinem Rücken
ist nicht mehr anonym
und fremdgesteuert,
der Mühlstein auf den Schultern,
das bin ich.

Nun zwanzig zweiunddreißig,
die Sonne unterm Horizont
erfüllt geheimste Wünsche –
Dunkelheit:
das Licht der Seher,
ein Elixier zum Schauen.
Hier werden meine Ängste
erschaffen, empfunden
und gesehen.
Leben entsteht nicht im Licht,
das Dunkel öffnet die Augen
für den Blick hinter die Sonne.

Süßholz?
Bin nicht interessiert.
Handwerk ist mir abhold.
Raspeln und Schaben;
Insektengift.

Moderatorenkult,
cool die Fragen,
eiskalt die Fragen,
eiskalt das Interesse.
Oh ja, ich versteh schon;
kultig.

Siegfried,
fährt in die Grube,
Kriemhild hat ihn gekreuzigt.
Tot trotz Echsenhaut;
schutzlos.

Klangkörper,
Resonanz der Tritte und Schreie,
Eigenfrequenz contra.
Überlagerung bis zum Bersten;
körperlos.

Seelenfresser,
menschenleer, Orte der Stille,
mehr, mehr, nicht nur hüllenlos,
„Herzausreiß" – Folge vier;
zufrieden?

Ja !
Klumpen Fleisch, gefühllos,
Innereien gelöscht, passé.
Aura und Karma verloren;
Nirwana.

Diplomat,
behalte die Knete und die Schuhe an.
Du bist resistent gegen so viel Nichts,
für Deine Existenz ist es;
unbedeutend.

Schau auf morgen

In selben Riten,
mit gleichen Banden,
spiel ich mein Leben
rollend vor mir her.

Kein Anstoß
ergeht sich groß genug
die Bahn zu ändern,
auf ausgetretenem Pfad.

Von außen nur
gedämpftes Licht
und leise dringt
Musik herein.

Einzig wohl
zu diesem Zweck,
dass Katastrophenglocken
in meinem Innen beruhigt sind.

Und Dämmerlicht,
als Hoffnungsstrahl
der dunklen Grotte
schimmernder Schrein.

Verwechselt wird
der Wunsch nach Ruhe
mit „Kreuzt nicht meine Wege"
und drinnen tobt ein Sturm.

So hochgelegt
die Beine verschränkt im Kopf,
ganz tapfer durch die Augen,
schau ich auf morgen.

Weltschöpfung

Ich rede, um zu reden
muss eine Zunge her.
Will ich dies auch noch hören,
geht's ohne Ohren schwer.
Ich schreibe über Welten
und schaffe Augen, sie zu sehen.
Die Nasen riech ich mir,
Geruch lass ich entstehen.
Und Körper sind gewachsen,
weil ich sie fühlen wollte.
Was retuschiert, das soll wohl gelten,
aus Kreidestrichen
schnell entstanden, zum Verwehen.
Kopfgeburten, Tagestraum,
Stimmen eines Geistesreichs
zum eigenen Vergnügen.
Die Wege führ'n ins Niemandsland,
als Brücken zu den Menschen –
sind wenige nur tauglich.

Erfolgreiche Männer haben Parfüm,
erfolgsversprechende Frauen
benutzen Parfüm.

Diese Gerüche,
wie weise Kokons,
wickeln gespaltene Wesen
durch Metamorphose um.

Nach erfolgter Verwandlung,
schmetterlingsgleich
Hochzeitsflug der Verliebten,
mit Scheidung als Bonus.

Parfüm steht am Ende
für den Verlust.
Keine Wende in Sicht,
selbst kein versöhnliches Gedicht.

Endlich

Jeder Tag setzt einen Stein,
schweißt Metall vor Fenster,
türmt granitene Mauern
um meinen Leib im Kopf.

Jeder Tag setzt auf Erinnern,
verneint als Zukunft morgen,
sieht mit Tunnelblick
verschwommene Kreise des Ich.

Jede Zeit erstarrt die Seele,
Stillstand zu Kristall,
kraftlos drückt das Eigenleben
Energien zur Potenz.

Jede Nacht geriet zur Labsal.
Klar sehe ich in Dunkelheit
mein Innen dargestellt,
lichtlos streichelt mein Erkennen.

Jede Angst verliert Gewicht,
erleichtert klar der Blick.
Endlich diese Trauer,
beglückt Gefühl mein Sein.

Lachst du
bist du ein Kind,
verlierst du
die Fassung
wirst du zum Alten.

Ich liebe, ich lebe

Der Durchbruch,
der große Schlag.
Am Boden lag
mein Ich.
Voll Zweifel
braucht ich dich.

Sinn, Ziel.
Du sollst Richtung,
Weg ? Mühsal ? sein
Ich wache nicht,
aufstehen beschwerlich,
zeig es mir!

Leben,
in Ketten gestöhnt,
Gefängnis von Sein.
Was heißt bewegen?
Polternd die Kugeln,
zieh sie oder gib sie dir.

Glück gesucht,
gehabt Schmerz.
Nachlass der Fesseln,
befreit atme ich gern Osten.
Die Sonne erwartet mich,
neu der Tag.

Die Welt,
auf den Schultern,
dein Sein
bestimmt wie du gehst,
krummer Hund,
oder aufrecht.

Hinter den Wolken

Das ist gut,
du suchst,
mehr als die vermeintlich
verlorenen Schlüssel.
Du suchst Licht!
Du rennst
gegen Wände,
Widerstände brechen.
Windest dich,
streifst die Fesseln
ab, wo du kannst.
Du wehrst
dich gegen Gravitation.
Flugversuche
lassen dich tiefer
sinken als zuvor,
mein Ikarus.
Die Sonne
ist, was du willst?
Wegzeit,
Fingerzeig.
Nur diese Schatten,
nicht erkennbar
der Grund, Tiefe.
Die Beschwörung
von Licht,
Zauberer der Worte,
reicht nicht
für Durchblicke.
Die Lichtblitze,
Lichtblick
im Augenblick,
sehe ich
den Weg. –
Und hinter Wolken,
die Sonne.

Über sein

Ich bin zu Hause,
wo der Fluss
meine Gedanken
kaum stört,
die schlagende Uhr,
geschweige das Argument.
Hier lass ich es
mir gut,
fast zu gut sein.
Ich wohne,
in mir Zufriedenheit
für Stunden.
Eingerichtet
hat die starke Ruhe
sich bis Bewegungslosigkeit.
Es ist schön –
wie ein wenig tot sein.

Regen am Fenster,
Trommelwirbel,
es ist draußen,
kaum das es stört.

Das Denken
hüllt mich.
Wolllust, Watte,
ohrenlos.
Ich bin drinnen.
Nur hier
konnte der Anstoß
herkommen.
Weinte ich
still vor mich hin?

Ich bin
mir nicht bewusst,
die Felsen fast
gesprengt
zu haben
oder frei zu sein.

In der Stille der Nacht

Leben geht seinen Gang.
Nur in den Medien
verzögert es, wiederholt.
Angst ist Privatsache!
Im lauten Umfeld
existiert sie nicht.

Erst in der Stille,
im Dunkeln,
werden die Stimmen
hörbar das Gewissen.
Schweißtreibende Gedanken
drehen dich im Kreis.

Beruhigend zählst du
die Schafe im Wolfspelz.
Wie tief der Fall?
Aus dem du aufwachst,
zwischen den Ideen
deines eigenen Seins.

Unterbrochene Ruhe
nur durch das Leben
der Steine, ab und zu
ein Martinshorn
erinnert an einem Tag
mit vierundzwanzig Stunden.

Die leuchtenden Ziffern
der Kontrolluhr
signalisieren je Änderung:
„Eine Sekunde älter..."
oder Rettung
aus ewig währender Dunkelheit.

Mit geschlossenen Augen
kann ich im lichtlosen
Raum sehen, lebendig.
Sogar mehr als hätte ich sie offen.
Die Tiefe der Sicht
zeigt mir das Ende der Welt.

Folgeseite

Gegen Morgen jedoch,
wenn die Hitze der Nacht
durch Tiefschlafbedürfnis
und Dämmerlicht
vertrieben weicht
auch die Angst, es wird lauter.

Deckenbilder

Auf dem Rücken liegend,
die Decke mit Leben erfüllen,
Bewegung durch Unebenheiten,
Schatten gebildet.
Weiße bewegte Welt.
Gesichter, Strukturen
wiederholbar,
erscheinen nach Augenschlag.
Neu, die Mimik,
bei Lichtwechsel.
Die Ruhe.
Ich starre die Decke an,
gebe ihr Sinn
und sehe mehr auf der Fläche,
als Maler gedacht.
Manch schönes Bild.
Jedoch auch wildes
wird wahr.
Angsteinflößend,
Wasserspeier mit Teufelgesichten,
Grimassen, Monstren.
Momente gezuckt.
Dann auf einen andern Teil,
Nymphen auf der Wiese,
springend wie Schwanensee.
So gleitet das Auge,
bei Erkennen verharrend
über die Kargheit,
der scheinbar schwebenden
der Decke.
Doch wenn sich die Bilder
mischen, so auch die Gefühle
und die Hand
vor meinen Augen
verhindert nicht die Sicht.
Eingebranntes Bild
auf Monitoren,
Glaskörper so und so.
Reflexionen von innen,
durch Ruhe und Meditation.
Nach außen erkennen.

Folgeseite

Die sinnlichen Bilder
und wieder nach innen,
wo der Ansatz von außen
auf innere Ausformung trifft.
Ich habe Angst,
wenn bei geschlossenen Augen
das Bild nicht erlischt.
Da gibt es kein Entrinnen,
wenn Außensicht,
verzahnt mit innen.
so denk ich weiter,
es könnten auch
die falschen Halluzinogene
das Denken eingestellt,
gerichtet auf Befürchtung sein.
Vielleicht doch roter Wein,
damit Aphrodisiakum
den Weg verändert.
Oder einfach
andere Decken, andere Betten
andere Bilder ?
Fortgelaufen ist keiner,
ausgeklemmte Verbindung,
losgelöst nach Neuen,
Illusionen suchen.
Visionär und Erfolg ?
Du rennst nicht aus Dir!
Gefangener der Bilder –
es sind Deine!

Verlorene Nummer

Ich brach den Tag
in seine Teile.
Ich suchte mir die besten
Stücke, Tag und mich.

Was fand ich?
Und wen ruf ich an?
Der höher ist, den alle Vernunft
und glaubte ich?

Die Tat gebar
in kurzer Zeit das Licht,
es strahlte Stunden.
Die Helle ließ die Schatten ziehen.

Die Stunden laufen,
unaufhaltsam erschuf der Tag
in dieser Nacht die Bahn.
Das Licht erlosch, so wie es kam.

Gesendet dieser Tag
und Nacht besprochen.
Ich teile nicht die Zeit,
ich teile mich in schwarz und weiß.

Nicht nur das eine Teil,
ein jedes ist ein Teil von allem.
Vom Tag, der Nacht und mir.
Wen rufe ich?

Mehr als fünfzig Jahre Frieden.
Wo?
In unser Welt, Zentraleuropa.
Wie viele Kriege wurden trotzdem geführt
für uns're Illusion, das Überleben?
Stellvertreter starben
für Generationen von Deutschen.
Unser Friede
ist millionenfacher Tod
von Menschen,
die nicht mal wussten
warum sie sterben mussten.
Nun schrei'n wir auf,
geschreckt aus weichem Sofa
und denken größte Gräuel
kommt über uns.

Gewissen ruft urplötzlich,
haltet ein.
Wir sind bereit zu geben,
solange ihr uns leben lasst.
Lasst uns die Macht,
so geben wir das Essen –
Getränke frei.
Und Waffen für den Kampf,
damit ihr uns're Feinde
nicht verschont.

Oktober 2001
Rainer Beinlich
http://www.lyriker.com

Das Geld wird knapp,
die Wirtschaft lahmt,
schon tagelang nichts abgesahnt.
Das treibt die Kurse
in den Boden.
Tausende Tote, verursachte Not,
wacht auf, schaut um!
Vieltausendfaches Sterben
geschah nicht erst
mit den Morden von New York.

Mit meinen Sinnen

Nackt die Welt,
kahl um mich herum.
Bäume ohne Blätter,
Blumen ohne Blüten.
Schornsteine ohne Rauch.
Türen ohne Klinken,
öffnen nur nach innen.

Ich höre nicht die Glocken,
den hohen Ton der anderen.
Die Musik der Nächsten
verweht der Wind.
Gespräche in Fetzen,
Gesang der Jünglinge
verhallt als stiller Schrei.

Nackt die Haut,
getrocknet durch die Welt.
Welk vom Mergel.
Unberührt von der Berührung.
Enthäutung,
schlankes zweites Kleid
und kein Gespür.

Kahlen Bäumen,
blütenlosen Blumen
entströmt kein Duft.
Es riecht nach Endlichkeit,
dem Schluss, der trüben Augen
Hoffnung macht
auf das Finale.

Im Nebel jedoch
verblassen die Gestalten,
verfremden die Gesänge.
Geschmäcklerisch die Wahl der Speisen.
Es sei mein Geschmack,
unstreitbar.
Das Alleinsein genießen.

Ein Stadtbummel

Die stillen Fenster
verbergen
mehr als ihre Ruhe
sagt.
Sanftes Licht,
getönte Scheiben
und ab und an
den Blick hinein,
auf Stuck,
auf schmucke Wände –
ein Traum.
Bewohntes Schloss
als Heimat.
So sieht's
der Außengänger
voll Freude.

Hinter dem Hellen,
hinter den Mauern
die Tränen.
Im Kinderzimmer
gebückt,
im Schlaf- und Wohngemach,
Gewalt
als Obsession.
Wolllust
im Leben der Macht.

Wohlig das Licht
offene Fenster,
erahnter Duft
nach Zimtapfel.
Ich schlendere, sehe.
Nicht hinter Fassaden,
den dunklen Teil.
Refugium, Schanze,
Verteidigerin
unserer Freiheit –
Unsere Wohnung.
Welche Rechte
vergibst du?

Folgeseite

Schutz vor dem Unbill
nach außen,
von innen
der Rosenkrieg.

Menschendruck,
Qual:
Ich schaffe es nicht !
Ich auch nicht,
seit Jahren.
Und du tust nichts,
bist ein Versager.
Vorwürfe nichts als Vorwürfe.
Schrei nicht,
die Kinder...
Das hat dich doch
nie interessiert.

Wen soll es betreffen.
Die lichten Fenster
der Straße.
Festtagsgeschmückt.
Ich sehe das Licht.
„Ham'se mal,
fünfzig Cent ?“
Im Schatten,
wäre ich gestolpert,
der Typ
unbekannt.
Im Dunkeln
sehe ich nichts.
Fasziniert
blicke ich die Straße lang,
ein schönes Idyll.

Vergiss das Licht
am Ende des Tunnels.
Schau in die Sonne
und tröste den Sinn.

Der Zug in die Tiefe
magisch, zwanghaft,
das Herz über Tage
schlägt es mit Macht.

Angst vor der Nacht,
gefürchtet das Dunkel,
die Augen sind trocken,
kein Lidschlag befeuchtet.

Nicht Schreckens gestalten,
nicht graue Visionen,
nur das Dunkel
der Unwissenheit.

Mit offenen Lidern
wird das Nichtlicht
zwanghaft durchbohrt.
Nichts, das ich sehe.

Greifbar, riechbar,
sonderbar ist die Hülle,
schwarze Watte hält
den Körper warm.

Beinahe lebensfreundlich
treibt die Furcht
den kalten Schweiß
aus jeder Pore.

Es ist der helle Schein
die Hoffnung
vor dem Tage,
die Ruhe einkehren lässt.

Folgeseite

Die Sonne bescheint
meine Fehler, die sehe
ich nicht, es blendet
der Schein zum Glück.

Der Tunnel verliert
seine Schrecken bei Tag
ich sehe ihn nicht
bis zur nächsten Nacht.

Krankengymnastik
für ein Gesicht.
Scharten, Kanten und tiefe Züge
gebügelt.
Die Seele scharf
in Mine gemeißelt.
Lebensschwer.
Spuren getrockneten Salzes,
Rinnsale der Vergangenheit.
Aufgeweicht
durch Kneten
und vorsichtige Berührung.
Rede weiter mit mir.
Der stumpfe Blick
entspannt,
die Starre schwindet.
Oh, gib das diese Sitzung
niemals ende.

Auf der Flucht

Zieh dich zurück
in deine Ecke.
Weiche vor dem Sturm,
im Wasserglas
bricht Panik aus.

Keine Zeit mehr
für Personen
ruhelos gewogen,
Wichtigkeit ermessen,
selbst Freunde sind vergessen.

Fluchtgedanken gar,
bevor die Ankunft war.
Rückzug ist das Ziel.
Ich setze mich,
mit dem Blick zur Tür.

Blick in ferne Lande,
zu kurz die Sicht
zum Tisch.
Die Runde Menschen
ist nicht recht wahr.

Der zappelige Phillip
zerrt am Tuche.
Wird's Scherben geben?
Noch weiß man nur,
Scherben bringen Segen.

Was hab ich hier zu tun?
Von Anfang an
der Wille fehlte.
So kam ich mit,
Alleinsein quälte.

Stürmisches Echo,
auf den Aufbruchversuch.
Gläser fielen,
Wasser fiel
die Stufen zur Seele.

Bleib oder geh,
zumindest mit uns.
Gehörst du nicht
zu diesem Kreise? –
Dann geh doch.

So schreite deine Schritte
vor und zurück,
laufe, laufe fort.
Wechsel des Ortes
nach Innen.

So schau die Menschen an
genehm, stoßend, heimelnd.
Sie fragen, wieso so verschlossen,
der Blick hinter Lidern.
Die Augen zu,
die Hand nicht transparent.
Bild hinter Körpergewebe
mit Haaren besetzt.
Wie soll ich dich
Mensch da erkennen?

Am Fluss der Zeit

Entlang des Flusses „Zeit",
mäandernd wie das Leben,
erstaunt mich jeder neue Ort,
bei dem die Furt es möglich macht
den Fluss zu queren.

Und Zeit vertreibt die Träume,
Dämonen meiner Welt,
durch neue Kurven, rasche Schwenks.
Sanftes Gleiten, murmelnd klar.
Lautes Rauschen, Sturzbach gleich.

Inmitten herrlicher Täler,
durch Gebirge gespurt.
In finst'ren, tiefen Schluchten.
Und die Tränen vergossen
in schäumender Flut.

Mitunter trocknet die Zeit
die Feuchtigkeit der Augen
zum Wadi der Seele.
Kein fließen, keine Frische,
kein Atem erwartet das Neue.

Die Zunge sucht Labsal.
Der Fluss steht, die Zeit
verrinnt im Grunde.
Stillstand, Stille des Lebens.
Kein Schrei, keine Verzweiflung.

Trockenen Fußes überschritten
die Grenzen des Flusses,
die Grenzen der Zeit.
Unberührt, alterslos,
namenlos vergessen.

Erst Tränen weichen
die bleierne Zeit.
Die Beugung des Blickes
spaltet die Härte
zur empfindenden Sicht.

Folgeseite

Träger Fluss folgt seinem Lauf,
dem festen Bett, der Bahn,
sich windend wie das Leben.
Doch Wassers Start und Ende
führen geradeaus.

Scherben gekittet,
Scheiben zerschlagen,
Schergen zur Macht.
McDonald geliftet,
Fleisch tiefgefroren,
kein Transport von Tier.
Altes Herz auf Trab.
Solothurn im Winter,
Stiller in Zürich
und der Ventilator.
Vergessen
ist das alte Lied,
Grabgesang
der Verlorenen,
Seelen bei Tag.
Mal deine Nacht,
vertusche das Licht.
Geschwätzig
hüllst Du das Tuch
um dich,
zu schützen vor dem Tod.
Der Pelz wärmt,
du kannst Kühle ertragen.
Auch das Ende ?

Gehacktes
Jagd von Krüsjus,
gehetztes
Zeitzeichen,
Pausenfüller
zeitpunktsetzend,
zeitlos alt
werden Eckstücke,
Versatz
statisch abstürzend.
Sturz
im hellen
Wahn,
in magisch tiefe
Löcher der Zeit.
Angezogen
von Bedürfnis Leere,
auszufüllen
mit Sinn,
loser Rhetorik
und dem Wunsch
nach Vergebung,
Der Hohlheit, Hoheit !
Geknickt,
das Knie kaputt,
Hals stört
den innigen Zusammenhang
zwischen Kopf
und Körper.
Gefühl
flüchtig wahrgenommen.
Verschwommen
die Zukunft,
atemlos
nach Neuem geschaut.
Mutter-Kind,
wilde Leidenschaft,
einer Hassliebe.
Zusammenhänge
in der Vergangenheit
gesucht,

Folgeseite

unaufbereitet
auf die Gegenwart
losgelassen,
starre ich
ruhig mit zitternder Hand
auf dem Osterhasen,
mit den abgebissenen Ohren.
Omen ?
Zeitlos
auch die Zipfelmütze
hätte fehlen können.
„Ist doch nix"
sagte er
was Illusion ist –
zeitlos.
Nichts
ist der Atemzug
vor Jetzt
und den danach,
sehe ich noch nicht.
Unruhig rutscht er
auf den Hocker.
Lust
getrieben von allem
totschlagen zu lassen,
um einmal,
das erste, einzige
und letzte
Mal
erfüllt von Ruhe
zu sein.

Prometheus

(Der coole Typ)
Erschaffe deinen Gott,
erschaffe meinen.
Doch deine Adler schaffen
nicht meinen Schmerz.
Ich bin so jung,
so gnadenlos.
Das Leben währet
ewiglich für uns.
Und frisch gebetet
zu den neuen Göttern.
Als Feuer steigt es,
auftrumpfend zu höheren
Etagen meiner Welt.
Nur diese Leere
will gefüllt.
Das große Fühlen
ist außer mir,
so nah, wie nie
zuvor.

(Der Gott)
Mein Zorn auf deinen
Gott von gestern
verfliegt, wenn Feuer
mir die Tür eintritt
und Fluggeräte regnen
auf mein Haus.
Dann schrei ich dir,
Prometheus Dieb:
Dein Raub der Glut
ist heute Untergang
der aufgeklärten Welt.
Was soll ich dem begegnen,
der meinen Gott erfragt,
wo sein Gott ihn
zum Kämpfer macht.
Sein Gott ist Gott,
er hat die Macht.
Und mein Gott?

Fortsetzung

(Der Handelnde)
So klar der Anfang,
die Wahrheit wankend
braucht Gerüst
zum guten Menschen,
bedarf es des Gesetz',
nach dem geboren wurde.
Was Feuers Freiheit
versprach, gelenkte Bahn,
Tabu und Miterfühlen.
Ein wenig nur
das Haupt geneigt,
den eignen Schritt besehn
und Sehnsucht
nach den Fäden.
Die Schere schneidet
auch den Wunsch
zum Guten.

(Über das Ziel hinaus)
Beginn mit großer Hoffnung,
die Fesseln abgestreift.
Aufgeklärt und schwungvoll
die neue Zeit.
Gedanken befreit
und Götter, Gottheiten,
Heilige sind Holz,
Figuren der Vergangenheit.
Meine Schmiede
dem Vorwärts dient,
nicht einer Knechtung.
Und vogelfrei
mein Schmetterling
zieht Erde dich
nach Puna.

(Epilog)
Blitze schrecken heute;
die Kinder schlafen gut,
in Armen der Beschützer.

Fortsetung

Die lichte Welt
gedankenklar,
das Feuer noch bekannt:
Teelicht und Vulkan.
Geschmiedet ist
die Hofeinfahrt,
sehr fern vom Kaukasus,
der Adler lebt im Zwinger,
zur Weiterführung
seiner Art.
Und doch, die Sehnsucht
nach dem Großen,
der Macht,
die meine Kleinheit
nicht zerstört.
So form ich meine Welt
mit einer Sucht –
der Suche.

Fühlte ich mich nicht schon
elternlos,
als ich mich losgerissen,
von den Eltern
mich befreit.
Waren da nicht die Klüfte,
die Differenzen,
die uns getrennt
auf kosmische Nähe?
Lichtjahre.
Kräfte,
wirken über Jahre,
Distanzen
im Quantenbereich.
Wo Impulse,
die Wege geändert,
das Kontinuum
beeinflusst haben,
gibt es kein Los,
was ohne alles wäre.
Wissen ist nicht nur
ein Teil der Lösung,
sondern ein Stück der Entfernung.

Der Trost
kennt keine leeren Gläser,
doch leicht getönte Illusion.
Den Blick zu Boden,
gedankenfrei.
Kein Sonnenstrahl
durchdringt die Gläser
nur optisch
einwandfrei.

Dazwischen

Die Sonne brennt
den dunklen Teil
des langen Tages
fort und bringt das Licht.

Doch sehe ich das Leben,
mag Schatten ich
und Helligkeit
gemischt.

Zuviel von der Sonne
blendet die Augen
und die Dunkelheit
verhindert die Sicht.

Wer immer lichtlos
steht, bewegt sich kaum.
Bei vollem Strahlerlicht
schmilzt jede Illusion.

Es wahrheitet
nicht im Dämmerlicht,
doch gemütlich
ist es schon.

Das Bild der Welt
um mich komplex.
Ich schlage keine Pfähle
an den Enden ein.

Die Wahrheit ist zu ahnen,
die Angst davor jedoch
verhindert die Berührung,
groß ist des Feuers Kraft.

Nach Klarheit greift
jede Faser meiner Sinne,
die Arme, Fingerspitzen
strecken, sehnen sich zum Licht.

Folgeseite

Wie einfach, spräch mir
eine Stimme aus dem Feuerbusch
und wies mir einen
sicheren Weg.

So will ich eine Freiheit,
doch mit eigenem Wirt.
Der Kampf der Schatten,
noch gibt es keine Sieger.

Ich glaube schon
an die Welt
als eine Kugel.
Sonst würde nicht
so vieles herunterfallen
und unauffindbar sein.

Fernweh

Aus allen Wolken sanft
auf der Erde geschlagen
mit fehlender Weisheit,
so träume ich Welten.

Die Nebel verwischen
den Blick durch Weite,
Lider und Augen
sehen die Markierungsbarke.

Scharf schneide ich
Bezüge und Sichtweisen,
harte Ratschläge geben
das Tüpfelchen auf Buchstaben.

Versunken im Gestrüpp
üppig wuchernder Ideen,
erweckt das Quietschen mich
und Kreide auf der Schiefertafel.

Was kostet die Welt?
Ergötzt sich der Wirt
und schreibt eine größere Zahl,
damit ich euch besser sehe.

Die Köpfe gereckt und Hälse.
Meiner ist am größten!
Wasser gelassen nach einer Stunde,
getrunken nur eine halbe.

Wellenartig schwappen die Wogen
der Worte, mein Haus;
Tür auf, verdunstet –
Gebete verderben den Brei.

Hochgezogene Brauen ziehen
die Augen auf,
beenden die Träume.
Schau mich nicht so an!

Engel du, Flügel gefaltet,
transparentes Tun.
Suche den Turm, der hoch
für die Ausschau ist.

Wehleidig in der Ferne,
das habe ich nicht;
so vergiss in der Kürze,
vergiss deine Welt.

Schuhgröße zweiundvierzig,
Alter ziemlich
und Gewicht zuviel.
Daher kann ich nicht,
auch wenn ich es wollte
in die Fußstapfen treten,
die Ideale mir vorgegeben.

Ich habe ein Gewissen

Gewissen?
Ich gehe gewissen
Dingen nach.
Bestimmten,
jedoch welchen,
will ich nicht wissen.
Ich habe ein Gewissen,
einen wagen Verdacht
und handele
bei Bestätigung.

Eine Bestimmung:
mein kindliches Wohlergehen,
Messlatte, Hürde,
Zeitbereich.
Ich will das Gute tun.
Der Anspruch drückt.
Kopfsprung
in die Vergangenheit.
Gegenwart hat kein Gewissen,
denn sähe ich die Schuld,
dir Tat fände nimmer statt.

Gewissenlos
hebe ich das Unbehagen
für die Zukunft auf.
Irgendwann
in ferner Zeit
ein stolpern, ein Fall,
vielleicht still,
geräuschlos.
Richtschnur
vom Boden gehoben;
mir entrinnst du nicht.

Himmelwärts

So frag ich nicht,
ob ich es darf –
ich tu' es einfach.
Willentlich,
zerrissen der Stoff
der Träume,
Wolken,
himmelwärts.
Ja.
Ich erkenne mich,
wieder und wieder.
Wiederholt
das Gefühl.
Doch der Biss
in den Oberarm
ist Wirklichkeit.
Ich bin.
Heftig geborsten
steigt die Realität,
schreie.
Armes Fleisch,
ohne Seelenlust,
Last eigenen Gewichts,
aufgefahren
gen
Leben!

Quarantäne

Fünf Leute,
fünfhundert
Kreise um mich ziehend.
Mittendrin,
unsichtbar
der kranke Körper
in selbstgewählter
Quarantäne.
Seelenpein
auf gepustelter Haut,
Flecken.
Bestrichen, gekalkt
mit Kreide, zur Bekämpfung
der irdischen Geister.
Kommt nicht nahe
ich bin Überträger!
Angesteckt,
ohne die Erkenntnis,
die Gedanken,
werdet ihr nur krank
und eure Suche
führt ins Nirgendwo.
Von mir weg,
wie ein Steinwurf
auf Wasser die Wellen
erzeugt,
weichen die Kreise.
legen das Land in Trockenheit.
Strudelnd
bohrt der Sog
ins Zentrum.
Staubig
wirbelt die Mitte
empor,
spiralförmig
nach oben gezogen.
Die Kraft der Drehung,
die Macht –
es geschieht.

Folgeseite

Die fünf weichen
dem Druck.
Ansteckendes lachen,
freudige, feuchte Augen,
ja, doch Quarantäne,
Unberührbarkeit.
Tränen,
die Kreise ziehen.

Geglättete Zeit,
gerade,
Inhalte vergessen,
verflossen.
Der Sand
veränderte den Ort,
während sich
der Kessel des Geschehens füllte.
Minutenschale
der Waage der Zeit,
bewegte den Sinn.
Waagegerecht
löschte das Ende
den Überfluss
in den Schalen –
Waage im Gleichgewicht.

Ich bin ein lauter Mensch,
ich schreie,
wenn es mir passt.
So wundere ich mich aber,
das keiner mich hört.

Mach doch den Mund auf
zum Rufen,
sagte der Wissende.

Gerechtigkeit

Das Recht geschehe,
wäre euch
schon einen Kopf wert.
Denn nur,
wenn kopflos das Böse
agiere,
wiche die Furcht.
Und gerecht
sollte es euch betreffen.
Der Friede euer Hütten,
das Feuer geschützt,
Frau und Kinder
in Sicherheit.

Doch lieber ungerecht,
daneben liegen,
als mit dem Unbekannten,
unberührtem Anderen
ein Wort gewechselt,
seinen Sinn erforscht,
die Meinung getauscht
zu haben.
Liebes Abendmahl,
am Abend mal
werd ich ein wenig
in mich gehen.
Jetzt jedoch
sitz ich im Kreise.
Hier ist meine Meinung
gefragt und angemessen.
Alle haben wir
eine Meinung.
Oh,
christliches Abendland.

Fest ist das Gesicht,
der Blick starr,
kein Lachen
kann die Weichen
anders stellen.

Und nun kommst Du
und forderst:
Strahlen im Auge,
Freude auf den Lippen !
Halbherz mein wehren.

Ein Huschen überzieht
die Mine, entspannt
den Mund leicht,
verzogen das Schmunzeln,
Lächeln gefroren.

Ha, beinahe gelungen,
Entspannung geglückt,
so denkst Du.
Doch ich hab es geschafft
und bleibe meine ureigene
- Versuchung -

Der eine Traum

Träume intensiv,
Leben explosiv.

Gemächlich platzt der Traum
ins Leben.
Ich wollte nicht erwachen...
Habe ich denn keine Sorgen
im Leben ?
Aber das Wissen –
zu träumen.
Ich hielt ihn an,
spulte ihn vor und zurück,
rückte mit Zeitlupe und Zoom
den Bildern zu Leibe.
Leidenschaftlich litt ich.
Zwischendurch
der Blick zur Uhr.
Doch diese Wirklichkeit
zerstörte nicht den Konsens.
Die Augen fest geschlossen –
Fortsetzung !
Und wach vom Krach
der Umwelt,
Augen auf, aufgesprungen
starrt er in eine Welt,
er weiß genau,
es war ein Traum.

So rede ich doch nur noch,
wenn ich Fragen habe
oder ich Tiefe erwarte.
So bin ich zuvor
schon in den Pfützen
der Gespräche hilflos
ertrunken.

Locker das Gespräch,
locker aus dem Leben
ausgeklinkt.
Tagtäglich Anekdoten,
das Leben erleben,
erlebtes Leben
aus zweiter Hand.
Als Tiefschürfer, Goldsucher
verpasst du den Zug.

Warum bauen Eltern Paläste
    für die Kinder?
Damit die Türen breit genug sind,
    wenn sie mit Sack und Pack
    und Hab und Gut das Haus
    verlassen!

Unser Morgen in eurer Hand

Ihr plant es.
Es nimmt Gestalt.
Ihr fahrt auf,
was ihr habt.
Ihr seid die Guten
in Gunland,
schon immer.
Endlich
im Ameisenstaat,
Identität.

Wir
sind wieder wer.
Bestimmer
für Recht
oder Linkslauf
der Erde.
Unser Wort
hat Gewicht
von Kanonen,
modernstes Knowhow.
Wahrheit,
als Kanon unser.
Wahr ist der Stolz,
wahr Mr. President.

Gott
schuf Amerika.
Also sind wir wahr.
Rastermacher,
Sieber,
Lochgrößenbestimmer.
Durch unsre Maschen
rutscht nur
der gute Shit:
McDonalds,
Standard Oil,
General Motors,
Microsoft, oh ...
zum Beispiel.
Sie sind
klein und fein
für jede Seite,
für jeden Winkel
der Welt.
Und verzeiht
kurzfristig
das finst're Antlitz.
Nach dem Sieg
lächeln wir
wieder.
Erst wird der Irak genährt,
dann uns die ganze Welt,

c) Rainer Beinlich
www.lyriker.com
Februar 2003

Der Ausflug

Vor Jahren
redeten Politiker nur Nachts,
weil die am Tage
Angst hatten,
ihre Thesen zu äußern.

Nun aber,
im neuen Jahrtausend,
reden die Clone
auch Tags,
denn es ändert nichts.

Wer länger
als drei Tage Politiker ist,
verliert sein Herzblut,
blutleer
im Tagesgeschäft.

Und was kommt
Raus, ohne Gefühl,
Verteilung von oben,
nach unten der Tritt.
Verloren.

Geschafft!
Wir wischen den Schweiß
von den unschuldigen
Gesichtern.
Blutig.
Die Hände
kaum schmutzig.
Doch Transfusionen
helfen heilen.
Unser Volk
trug den Erfolg
über Gottlosigkeit
und Bosheit
davon.
Massive Hilfe
aus der Höhe,
der Luft,
der „Koalition",
der Willigen
führte uns.

Jetzt
bestimmen wir
über Öl, Essen,
Posten
und Humanität.
Posaunenengel,
Bläser von Jericho –
in Bagdad
halten wir Gericht.
Denn Gerechtigkeit
ist unser Schwert.
Ihr werdet es spüren,
jenseits
der richtigen Seite.

Kein Erdbeben

Kein Erdbeben in der Türkei
mit dreizehntausend wirklichen Toten,
die Überschwemmungen in Bengla Desh
mit jährlich tausenden Toten.
Rechnen wir nicht Ruanda,
rechnen wir nicht die Toten
gegeneinander auf.
Doch rutschten die Kurse deshalb,
machten die Börsen tagelang zu?
Woher kommen die zwanzigtausend Milliarden
Verlust von viertausend Weißen
der „zivilisierten" Welt?
Keine Hand wird abgehackt,
bei Ehebruch niemand gesteinigt,
aber Todesstrafe verdient
wer Mord beging.
So rächt der „zivilisierte" Mensch,
alttestamentarisch,
das Auge gegen Augen.
Augen zu
vor dem großen Scheinwert.
Reichtum auf Pump,
entweder von Nachbarn
oder von der Zukunft.

Darf ich lachen ?
Nicht deshalb,
sondern trotzdem.
In meinem Hause, ja !
Du brauchst auch nicht
den Kopf zu senken.
Neig ihm zur Ehre der Toten.
Dann aber kämpfe,
erhobene Hauptes weiter,
die Menschen zu befreien.
Aber trag das Haupt
immer gesenkt
zur Ehre der Toten,
denn es gibt sie täglich
und viele chancenlos,
ihr kurzes Leben lang.

Idylle zerrissen

Idylle zerrissen,
Irrtum inbegriffen,
die Zeichen erkannt,
Schriftzüge gelesen,
kalkweiß die Wand.

Verstanden?
Das setzt Verstehen voraus.
Kennt man die Sprache?
Ihre Laute zwar,
jedoch die Herkunft auch?

Tut so als wüsstet ihr
nicht die Signale
auszudeuten.
Doch wisst ihr schon seit Jahren,
dass Gram die Leute beugt.

Bis gestern Augen zu
und Daumendruck,
es wird schon nichts geschehen.
In diesem weitem, großen Land –
es traf das Zentrum.

Seht ihr,
das Leben geht weiter,
stockend zwar,
aber es geht
und keine Kerzenketten
halten es auf.
Bekundungen der Solidarität,
gut gemeint...
Weil Leben weitergeht,
unabhängig von Nation,
Gruppe, Familie,
das Individuum.
Weltgeschichte,
Welten Gräuel
baut darauf auf.
Bis Menschen auf der roten Liste,
vom Aussterben bedroht,
Kontrollverlust
erlitten.

Der Patriot

Auf die Zunge gebissen
nichts Böses gesagt,
geschwiegen aus Freundschaft.
Er wird den Flug überwinden.

Auch die Stärke der Muskeln
wird sich auf Wirklichkeitsnähe
und gesunde Größe wandeln.

Aus der Asche der Schmach,
aus dem Dunkel des Versagens,
unheilige Rache
nach dem Verlust des Ich.
Du bliest Dich auf
bis zur Karikatur,
bis zur Unförmigkeit
und konntest nicht lachen,
als die Finger auf Dich zeigten.

Rasend machte,
der Du gewohnt
den Lauf der Dinge zu bestimmen,
der Stillstand, die Kraft,
die Dir eigen:
die Erde verzögerte nicht
die Rotation.
Niemand lief
mit klappernden Zähnen
zu Dir
und nannte die Schuldigen.

Wo Dein langer Arm
seit Jahren nichts bewegte,
Legte sich klammheimlich
oder öffentlich Freude.
Du fühltest allein.

Wo waren die Guten?
Jo wenigsten der Feind?

So zogst Du den Freund,
den metallenen Bruder.
Begleiter seit der Geburt.
High Noon,
die Lider zu Schlitzen,
der Sonne getrotzt,
so siehst Du die Bösen.

Und es sind viele.
Das rückt zusammen.
So fühlt Ihr die Wärme,
die Wärme der Nation.
Mächtig geschickt
das Heer an die Front.
Ein Menetekel allemal,
ein kraftvolles Zeichen,
benennt Ihr das Böse
beim Namen,
geleitet vom Höchsten.

Manchmal erlaubt der Sonnenstand
die Augen ganz zu öffnen.
Dann sieht man über
Sand und Grenzen
fruchtbares Land hinter Wüstenschein.
Da könnten vielleicht
Menschen wirklich sein.
Mit eigenen Fragen,
eigenem Sagen,
eigenem Sein.

Wir schließen die Augen,
die Türen,
schlagen zu.
Trotz Vielfältigkeit
im Innern.
Es schweißt uns
Vergangenes über dem Einen;
Nation zum
Eisernen Band.

Der Kreis gilt geschlossen,
wenn Du innen wohnst.
Wenn Hand über Herz
die Inbrunst verspürst
und den Patrioten gebierst.

c) Rainer Beinlich.
www.lyriker.com
Februar 2003

Politiker heute

Lügner, Heuchler,
der blitzschnell
gestreckte Arm:
„Haltet den Dieb"
den Fingerbeweis.
Wer zuerst
auf den andern weist
ist der Sieger.

Vor vielen Jahren schon,
ein ganzes Volk
verwies auf „Diebe".
So schnell hatten alle
die Arme oben,
noch ausgestreckt.
Entziehen
konnte sich keiner.
Wo Lüge zur Wahrheit
und Wahrheit zur Lüge,
mutiert
der Lügner zum Helden
und Heucheln heißt Mut.
Sie stehen Spalier,
sie lächeln sich an
und spielen Politik
von heute.
Ein jedes kennt
die Lügen
des Gegenüber,
der Fingerbeweis.
Er sieht nicht den kleinen, den Ring –
und den Mittelfinger
als Selbstverweis.
So leben die Krieger
im freien Gefecht.
Doch wer kurzzeitig
noch lauter schreit,
hat temporär recht.

Manchmal passiert es.
Nach langem Denken,
wenn der Nebel
vor den Augen verflogen,
Durchblick angesagt
und Ahnungen zu Worten
gefügt, eine Sicht ergeben.
Du drückst es aus,
was viele dachten,
ob der starken Macht
der Außenwelt,
in keine Worte brachten.
Dann bist du nahe dran,
an dem was Wahrheit sei.
Doch mach dich frei
zu glauben, Mehrheiten
könnten zu Wahrem leiten.
Abstimmungsfähig
ist Wahrheit nicht.
Es reicht kein „Ja"
um Weltensicht zu wenden,
geschweige denn von vielen.
Ob die Erkenntnis sei
identisch mit der Wirklichkeit,
bewiese dann das Leben.
Erkennen hat es nie gegeben,
ohne meinen Hunger
gestillt zu haben.

Kindersoldaten

Wie kann ein Mensch
alt werden,
wenn er acht Jahre ist?
Zwanzig bis hundert
Menschen,
erschossen,
erdrosselt,
zerhackt,
ermordet hat.
Liebe durch die Machete,
ein T-Shirt als Mutterkuss.
Tod als Spiel?
Wer bewegt die Marionetten?
Kinder ohne Wissen,
als Totengräber.
Und verscharrt,
verlassen,
entlassen
ohne Angst vor dem Tod.
Ohne Bedeutung
für das Leben.

Ich pfeife auf den Krieg

Ja?
Nein?
Ich staune,
wie wenig mich
der Tod betrifft.

Ich lamentiere
gegen den Krieg,
die Unterbringung
in Pflegeheimen.
Verharre.

Geflechte,
gewachsene Gemeinschaft,
rundum
die Werbung
hat recht.

Der Himmel,
die Versicherung,
Wohlstand.
Mich
kann keiner.

Bomben,
Eis überm Berg,
mein Tod
unwahrscheinlicher
als deiner.

Der kurze Sprung

Unsere Namen schreiben Geschichte:
Alexander der Große,
Karl der Große,
Washington der Große.
Wir schaffen die Erde
zu befrieden,
ohne äußeren Anlass.
Die Federn tauchen bereits
in den Tintenfässern der Zeit.
Wir zeugen die Trümpfe
im Kartenspiel der Welt
notfalls selber.
Die Regeln gibt die Macht,
wir tun Gutes, mit missionarischem Eifer.
Die Perioden der Macht,
zu kurz für ein Denkmal aus Ruhe.
Deshalb verzeiht die Geschichte,
den oftmals zu kurzen Sprung.
Dankbarkeit ist keine Zierde
der Lebenden.
Die erwarten wir auch nicht,
wenn wir die Menschen befähigen
unser Essen, Trinken, unsere Sprache,
Tugend, Moral, kurz unsere Kultur
als ihre zu nehmen.
Undank von Toten –
auf anderes warten wir nicht!

Betrachtungen

In meiner warmen Stube
mit sauberen Böden,
perfekter Kommunikation,
bräche das Durcheinander,
aus, hätte ich keine Energie,
als erste Stufe
der Bedrohung,
des Traumes vom Frieden
in meiner Hütte.

Vom Unsinn sinnentleert,
das Dach schon kaum vermisst,
Querschläger,
Schläger, Schlächter, schlechter
anstatt quer denken.
Streifen in Flammen,
sternfunkelnd.
Teststreifen in rot-weiß-blau.
Einstimmung auf Zukunft.
Vielstimmig der Zweifel.

In meiner Wohnung
flimmert die zweite Stufe:
das Grauen als Wahrheit.
Testbilder –
Wie lange kann ich abendbroten,
wie lange frühstücken,
ohne den Hals
zu verstopfen
und den Kopf zwischen Sand
und Stroh innen
zu stecken?

Videowirklichkeit,
schöne Neue Welt.
Hardware,

Folgeseite

das harte Wahre.
Panzer in der Wohnung,
B 52 am Himmel,
die Decke als Ausguck,
kalkweiß mit Imaginationen.
Stuben-Chaos
und die Fülle.

Gefällt die Welt,
soll sie kein Ende haben.
Doch Dochte und Wachs
sind nicht grenzenlos.

Siegprämie

Ward ihr fündig,
bei eurer Suche
nach dem Spektakulum?
Habt ihr sie gefunden
die ABC-Programme?
Die Bedrohung,
das Potential?

Ihr stießet jedoch
auf alte Bekannte,
AIDS,
Billharziose,
Cholera und
Kindersoldaten
als Massenvernichtungswaffen.

Die Feldzüge der Guten,
der Mütter Theresas,
der Brandbekämpfer,
die Feuer, Not, Schlechtigkeit
brauchen, wie der Tag das Licht.
Doch nur im Dunkeln
strahlt der Schein um die Häupter.

Wir wissen, wissen und wissen.
Unser Leben ist kurz.
Moral, ein Spendenscheck,
ein Dauerauftrag,
als Ausdruck des guten Willens.
Wo bleibt da Sensation?
Ich schaue und weiß doch nicht.

Mein Finger verweist
auf dich, dich und dich,
die restlichen jedoch auf mich.
Ich fand keine Waffen,
erfand sie nicht mal,
so bleibt doch die Qual,
den heiligen Schein zu erschaffen.

Härte 10

Dein Bruder hat Tränen,
Deine Schwester schluchzt.
Du hast ein Strahlen
Im blauen, deutschen Auge.

Tränen, lange versiegt.
Erinnert das Schluchzen
Dich an weichere Zeiten,
Das Mitleid erstirbt.

Nichts gibt es zu verlieren.
Wo nichts dazu ist.
Gekauftes Herz ist mehr
Stein die verkrustete Hülle.

Messerscharf schneidet
Der Verstand die Fäden ab.
Vergangenheit, sie verlor
Die Liebe zu mir.

So stampf ich mit den Füßen.
Hier erfühl ich die Regung -
Die Erde vibriert und
Ich beginne mich zu spüren.

Gänsehaut überspannt meinen Arm,
Je mehr von Euch aufstampfen.
Und diese Freiheit zum Prinzip
Von allen werden wird.

Die beschlagenen Stiefel selbst
Ständig, widersetzen sie sich.
Ich kann's nicht verhindern -
Die Tränen, das Schluchzen...

April 1999 / 2002
© Rainer Beinlich
http://www.lyriker.com

Der Druck durch die Gedanken
erzeugt die Schrift in dritter Dimension,
obwohl die Seite längst gewechselt,
sind die Lettern noch erhaben.
Reliefs von gestern,
mit Griffel in Papyrus eingekerbt.
Als Hochdruck – Spiegelschrift,
Vergangenheit erahnbar,
verfremdet in „Ich sah...".
So fass ich ihn, den Tag vorher
und streichle die Konturen,
bis Form und Hochgrat flach
zum Sammeln ausgepresst
in kalte Bücher passt.
Plan gedruckt bedarf es einer Lupe,
um noch den Rest von Leben
im Raum zu sehen.
Prozesse weichen den Prinzipien,
tränengewelltes Papier,
ersetzt durch Schwarz auf Weiß.

Es ist neu

Hymne auf Hymen,
beschworen
die Jungfräulichkeit.
Alles ist neu
die Bekleidung, die Ausrüstung,
ja selbst die Gedanken –
doch öffnet die Welt
sich nach außen,
kein alter Hut
bleibt unerkannt.
Oh sieh, schon gestern
gedacht
bleibt es neu,
da Menschen geboren
und Geheimnisse entstehen,
immer.
Und tausende Jahre
verändern die Welt,
die Sichten.
Selbstgedacht
ist nagelneu mit Patina.
So bist du nicht der erste Mensch.

Der Tag beginnt im Dunkel.
Die Sonne hinterm Horizont,
vergaß für ein Paar Stunden
Licht auf dieser Erde zu entzünden.

Das Auge sucht Bezüge,
den Unterschied von Tag und Nacht,
doch nichts erkennbar trübe
tritt völlig in den Vordergrund.
So tastet auf der Suche
nach Sinn und Sehn der Mensch,
bis er auf Licht im Kopfe trifft
und weiß er braucht kein Tag.

Nur fehlt dir diese Flamme,
wie keine Handbreit unterm Boot,
das Wasser für die Fahrt,
so gäb es keine Rettung.

Von außen braucht es Hilfe,
besteht die Hoffnung auf den Tag,
wo Licht den inneren Menschen
mit Sonnenschein bestrahlt.

Für einen netten Menschen

Wahrscheinlich, na klar,
so möchtest Du die Sonne seh'n,
als deine Seele sie verlies.
Die Gitterstäbe werfen Schatten.
Und Wahrheit ist in dir
nur was du siehst.

Verkrampft der Nacken,
ich sehe nur mein Wollen,
als gebrochen geh' ich ein.
Gedämpfte Hoffnung
sieht mich splittern:
meine Fragen, meine Fragen.

Doch niemand
außerhalb
von Dir
antwortet!

Schwärze verhindert Licht
und Schwere das Fliegen.
Rette die Lebenden.
Schütze die Liebenden.
Stürze die Sanduhr zu neuen Beginn.
Freiheit.

Es ist noch Platz

Ein warmes Lüftchen
wehte mich an diesem Platz,
wo tiefe Mulden
von schwer gestützten Köpfen
sinnlich künden.
Der Geist jedoch
steht achselzuckend hintern Schreiber
und weigert sich
in kurzgeschorene Schädel
einzuziehen.
Raum wäre schon vorhanden,
durch luftig große Löcher
scheint fahler Mond
oberhalb des Jochbeins rein.
Hier ist auch Platz zum Brüten
und Vögel gibt es viele.
Doch diese einzufangen
und ihnen Sinn zu geben,
das fällt schon schwer.

Reinkarnation

Mein Hören ist der Schall.
Mein Sehen die Welt.
Mein Fühlen ist die Wärme,
der Schmerz und die Lust.

Ich sehe, rieche, höre, fühle
den Wald, so ist er.
Betaste dem Stamm mit der Hand;
es ist nicht der Wald.

Ein Teilbild, ein Viertel Netzhaut,
Sichtweise zerhackt.
Wahrheit als Kompromiss
zwischen dem Wahrzunehmenden.

Sprache in Vereinbarung
zwischen den Innenwelten
des eigenen Seins –
die Wahrheit des Augenblicks.

Schwimme konzentrische Kreise,
mit Sinnen erfahrene Welt.
Kein anderer lebt hier innen,
Verbindung nach außen ist Schein.

So wünsch ich mir die Wiederkehr
in neuer, veränderter Form,
der Hoffnung, der Erfahrung
der äußeren Welt leibhaftig zu sein.

Dieser Wunsch jedoch bleibt Traum,
da Veränderung nur messbar
von einem festen, steten Punkt
der immerwährenden Welt.

Doch da die Wahrheit tausendfach
betrachtet wahr sein kann,
so gibt es keine Wiederkehr
für ein denkendes Wesen.

Schattensein

Im Dunkel die Ratten,
bei Licht brechen die Schatten
die Dämme der Zurückhaltung.
Im Winter verschlossen in Kellern,
im Frühling entschlossen nach vorn.

Sonnenschein sprengt die Breschen,
Lücken für üppige Spekulation.
Jeder gibt sich sinnenfrei,
entleert ihn doch Gesellschaftszwang
von eigner Sinnentfaltung.

Oh ja, prachtvolle Fähigkeiten,
ausgebreitet im gruppendynamischen Gestrüpp.
Ich bin ein du mit dir.
Das Tier in mir singt Lieder,
stampfender Rhythmus, klarer Duktus.

Wir wollen, du willst, so ich auch.
Entkrampft, entkernt, entnervt,
du weißt genau wie wir es meinen.
Wir kerben die Gesichter und Gedanken
in Schädel voll Bereitschaft ein.

Die Dunkelheit meines Seins
kreiert in Gemeinschaft den Strahlenkranz.
Wir bilden die Kette, meins ist deins,
für die Dauer des Zusammenseins.
So hab ich mein Zuhause gefunden.

Unbehaust, ein Übel dieser Zeit.
Kein Problem für mich, selbstverwirklicht.
Ich warte nicht mehr seit
meinem Treffen:
Ich traf dich zu Lasten mein.

Weißt du,
du schwieriger Mensch,
dass du Freunde
haben könntest,
wärst du in der Lage
die Position
normaler Menschen anzunehmen.

Doch du
schwebst über den Dingen.
Was anderen Freude,
macht dir Angst.
Deine Lebensäußerung
ist ein Stecken
im Getriebe der Welt.

Gebremste Sicht,
dein Schaum vor'm Mund,
dem Wahnsinn nah
ist Ausdruck
unterdrückter Stärke.
So musst du also
platzen.

Welch Schwere
zieht die Gegenwart
in ferne Zeiten ab?
Was ich jetzt tue
zeichnet schon Linien,
Gravuren unbekannter Art
mit Spur gegraben,
unausweichlich –
ich schaffe Zukunft.

Der Wunsch

Wann hast du gewünscht,
wann geträumt,
wann wolltest du mehr,
als zur Zeit dein eigen.

Etwas anders machen,
Visionen haben,
nach vorne denken
und dich vorwärts rühren.

Lauthals gelacht,
leise geschwiegen,
dein Herz ausgewogen,
es für zu leicht befunden.

Vogelfrei empor
gehoben durch die Sprungkraft
der Seele,
Seelenflug, schweben.

Geträumt der Tag,
an dem du dich magst,
wie die Dinge
um dich herum.

Dem Morgenrot entgegen

Ich spreche ins Off
und zeitlos verliert
der rote Faden sich.
No operation.
Im allgemeinen Abendrot,
Sonnenuntergang.

Schwärze im Osten,
aufkommende Nacht.
Glutrot im Westen,
lebendig,
bis auch das Zucken
der Strahlen versunken.

Erinnerung von Tag,
die Dunkelheit.
Im Nicht-Tag sehen
gelingt leben.
Reste von Licht
reichen zum Wissen.

Fressen und gefressen,
Realität,
grausam dynamisch.
Zugleich Bestandteil
der Welt im Kopf,
sowie der äußeren.

Überlebte der Nacht
ruht eure Glieder.
Überlebende
in den Höhlen des Tages,
den Intellekt
wiedergewinnen.

Richtet euch
nach den Gesetzen.
Formen, eure
Kreationen des Seins.
Lustvoll bereit,
Helligkeit.

Folgeseite

Noch immer Nirwana
kurz vor dem Halt,
Busstop vor Tag.
Augen gerieben –
klare Sicht für durch
den Wind getrieben.

Schmerz des Aufstehens,
spätes zu Bett.
Tägliche Qual.
Weiß keine Gespräche
und rote Fäden
verwirren.

Fenster der Phantasie

Wenn so ein Fenster kommt
durchsichtig, schaubar.
Die Gedanken bildhaft,
selektierbar die Worte,
Fluss in Sinn.
Oh, Glück.
Ich bin woanders !

Weg der Träume

Mal wieder einen schönen Traum,
mal wieder zu Hause,
mal wieder froh sein.
Mal wieder,
nichts für Sprachpuristen,
Germanisten, Publizisten,
Fanatiker, Rhetoriker.
Mal wieder
immer wieder, öfter,
nicht nur ein Mal.
Mal wieder
sich wohl in der eignen Haut,
die Wünsche von anderen fühlen.
Mal wieder,
trocken und hinter den Ohren,
gescheit fragen.
Mal wieder
gesund und tun
was mir gefällt,
einfällig, vielfach.
Mal wieder Kind sein,
mit Intelligenz ohne
Erwachsenenangst.
Mal wieder in dem Wald
urwüchsig, Ruhe.
Uhrenkanon am Handgelenk,
Hut auf dem Kopf,
Toilettenrolle auf Ablage,
Wohlwollen auf dem Beifahrersitz,
Kondom überm Gefühl.
Garantiertes Glück...
Mal wieder
geschmecktes Essen,
Essen das schmeckt.
Sechs richtige, ja.
Einmal !
Mal wieder einen,
richtiger als andere,
einen richtig guten,
der wohl tut, freimacht,
sauber befriedigt

Folgeseite

und sensationell
beglückt.
Mal wieder
geschmiedet, geschmolzen,
allein mal wieder.
Ich tue es
doch wieder einmal...
dieses Mal nicht.

Das Flügelrauschen
bezirzt die Sinne.
Wahrnehmung
verändert Sicht.

Fremd

Fremd,
ist die Kraft,
vielfach so hoch
der Aufwand
zum Wesentlichen.
Fremd,
ist wie vor dem Ertrinken.
Wer denkt da
schon gar an Essen,
wenn der Tod
durch das Fenster scheint.
Fremd,
in gewohnter Umgebung
fremd,
in deiner Haut.
Gegrüßt ohne Lächeln,
ohne erkennen,
zumindest ohne Sympathie.
Und du
bist nur fremd,
weil deine Entfremdung
Ausdruck und gewollt
von dir ist.
Wie geht es
dem Fremden,
der neu
das Terrain betritt?
Lächelt mir zu,
nicht mit dem Kopf,
setzt die Mine
auf geringste Zurückweisung.
Tröstet meine Angst,
ignoriert das Stolpern,
den falschen Tritt,
die ungelenke Bewegung.
Verzeiht
mir die Unkenntnis
der Sitten, Gebräuche.
Ich übte mich,
verlor jedoch im Eifer
die Details.

Folgeseite

Mühevoll
versuchte ich
Euch nahe zu kommen.
Doch meine Farbe,
Puder übers Haupt,
war,
ist unveränderbar,
will ich
am Leben bleiben.

Gewagte Sprünge

Ich suche mir allein
das Loch,
ob Fenster, Tür,
fast immer ist es groß genug.
Der Durchbruch
für die Flucht.

Bevor ich aus dem Hinterland
den Sprung
nach vorne machte,
vom Lande in den Vordergrund,
war ich noch frei
von dieser Flucht.

Strahlende Lichter.
Erfolg
auf ganzer Linie.
Sonne ging mittags auf,
wenn ich es wollte,
am Morgen unter.

Allmacht,
Gefühle in Not,
nichts passt zusammen.
Die Bewegung der Gestirne,
befriedet nicht
den wirren Geist.

Fäden, fein gesponnen,
im Mondlicht nur,
nie jedoch bei Tage,
verwickeln die Gedanken
in stetes Tun,
Prinzipien geh'n verloren.

Graue Haut, graue Haare,
zerstobener Übermut.
Die Decke des Zimmers
ist millimetergenau erfasst.
Bewegung nur noch
zur Ein- und Ausgabe von Flüssigkeit.

Folgeseite

Graue Gestade.
Langsam grausam.
Die Fülle der Stadt
(abgeklärt in vielem gebannt)
schreit nach Freiheit
von mir.

Land der Hoffnung,
Frieden der Seele,
Straße des Lichts,
verschwunden
der Grund anders zu sein.
Suche den neuen Morgen.
So reift über Wochen,
über Jahre die Frage.
Wo ist das Loch
im Leben ?
Für die wirkliche Flucht
zurück in den Hintergrund.

Die Antwort steht aus,
noch bin ich am ersten
Grund zur Flucht,
allemal.
Bewegte Inseln in stürmischer See
Sprünge gewagt. Gewagte Sprünge.

Schatten

Schatten verdoppelt,
Schatten halbiert
und geschlagen.
Schatten erblindet,
betäubt
Sehgefühle.
Aber es riecht besser.
Mantelkragen geklappt,
Schattenschutz,
Entdeckungsreise
für Gehwegmitbenutzer.
Antibeschlagbrille
mit Verkennaufsatz.
Schattenhaft.
Hilfe!
Die Umrisse
der Smith & Weston,
als schlagendes Argument
der Intellektuellen.
Wer kauft
meine Schatten,
Schlemil?
In der Mittagssonne
Freund,
Beschützer,
der Schattengeängstigten,
Schattenpfütze,
punktgelandet.
Auflösung
der Rätsel,
Kaufpreis null.
Warte
bis der Mittag
zum Abend
wandelt,
der Schatten
bis an die Zähne bewaffnet,
zum reißenden Tier,
zur lechzenden Zunge,
zum schwarzen Blut,

Folgeseite

züngelnd
deinen Körper gleich,
die Verfolgung
wieder aufnimmt.
Vor jedem Lichtpunkt
näher kommend
und die Zukunft
überholend...
Der Sprung
unter den Türvorsprung
lässt ihn vorbei.
Selig die Stadt
mit zerborstenen Laternen,
Befreiung
der Schritts,
aufrechter Gang.
Durch das Dunkel
bohren die Augen
die Sicht.
Tunnelsyndrom,
Restlichtverstärker.
Es riecht
sich der Weg!

Schutzengel

Hinkender Engel,
gefallenes Kind.
Flügelverformungen
durch Splittergranate,
Engel zu Fuß.
Schutzengel
im Fegefeuer,
Gefieder in Flammen.
Ich rieche Menschenfleisch,
Horngeruch
mit meiner Feder
papierverbrannt.
Holder Knabe
im lockenden Haar.
Oder blonde Maid,
das Geflügel
zum Abflug bestellt.
Ich kenne euch,
ihr seid gesehen,
erkannt,
der Schutz vor dem Elend.
Die Leibwächter
körperlos,
Kleinstgeschöpfe,
geschöpfter Geist,
geistreich.
Fliegen zu können,
der steten Kraft
fliehen,
Traum vor morgen.
Geflügeltes Gute
in der Höhe,
im Boden gewühlt
dort fand ich
es nicht.
Deshalb die Freiheit
der Höhe
da, wo das Sein
unmöglich sei,
kann Hoffnung
erblühen.

Folgeseite

Hoffnung,
wo das Leben
nichts ist.
Schützt mich
Gedankenengel,
Traumgestalten
lebendiger Fantasie.

Über Sinn

Gedacht
bis Sinn
sich schälte.
Aus dem Verborgenem.
Klarheit.
Weiter
gedacht,
übersinnlich.
Wohin der Flug,
gedankenschwer
den Nebel
fortgewischt.
So will ich doch
nur Klarheit
übers Sein
der Dinge.
Warum
verbirgt die Tiefe,
Sicht?
Feinsinn,
geschärfter Blick,
Geruch, Geschmack,
wohl sinnlich
auf den Inhalt
ausgeprägt.

Der Sinn der Dinge
besteht
im Widerhaken,
von ihrem Sinn
und meinem.

Wochen später...

Denkst du noch
an den elften September,
im Jahr als keiner wusste,
was Menschen Denken
möglich macht?

Doch jetzt genau
weiß jede Zeitung mehr
und breitet die Details
genüsslich vor dem Volke.
Aus der Traum.

Denn unbeobachtet
geschieht kein Attentat,
mehr nur unter Aufsicht,
im Raster schon der Fahnder.
Ihr seid entdeckt!

Der letzte Schritt,
der Kaffee danach,
die Urne deiner Asche.
Bebildert, beschrieben.
Nichts bleibt verborgen.

Schon wartet der CNN,
das FBI, der CIA,
die Kameras vor Ort.
Alles ist geplant –
So fangt doch an!

Der Wunsch

Wann hast du gewünscht,
wann geträumt,
wann wolltest du mehr,
als zurzeit dein eigen.

Etwas anders machen,
Visionen haben,
nach vorne denken
und dich vorwärts rühren.

Lauthals gelacht,
leise geschwiegen,
dein Herz ausgewogen,
es für leicht befunden.

Vogelfrei empor
gehoben durch die Sprungkraft
der Seele,
Seelenflug, schweben.

Geträumt der Tag,
an dem du dich magst,
wie die Dinge
um dich herum.

Vier Variationen über die Zeit
oder Die Zeit: Vier Variationen

Zeitlos
Zeiten zu zweit.
Zeiten zu reisen.
Zeiten der Ruhe.
Zeiten zum Tun.

Ich habe keine
der Zeiten
zu zweit,
gereist,
geruht,
getan.

Zeitreich
Zu zweit Zeit.
Zur Reiszeit.
Ruhezeit –
ich tue nichts.

Ich habe alle
Zeit der Welt.
Verwalte sie,
prasse,
stehle,
vergeude.

Zeitloch / Zeitgleich
Zeit verzeiht,
nie wirklich
Fehler
in Echtzeit.

Ticktack,
die Illusion.
Statt analog
nur digital,
ohne davor
und danach.

Folgeseite

Zeitalter
Zeit ist, kann nicht gelten
sondern war.
Uhrzeit heute,
gestern hell.

Und dunkel
die Erinnerung.
Verblasst,
verliert. –
Gewinnt erneut
im Alter an Bedeutung.

Undercover – Sein

Unter der Decke
phantastische Bücher,
gelesen
im Schein der Taschenlampe.

Bilder auf Reisen,
die Geschichten und ich
verschmolzen
im Kopf.

Sein wollte ich
wie die Helden,
ehrlich und wahr –
Freundschaft für immer.

Mein Undercover–Sein
zeigte,
dass Tage so kurz
wie das Leben sind.

Die Lampe flackert,
zur Neige
die Energie.
Die Bilder bleiben.

Ein Teil auf der Strecke
zwischen Gestern
und Heute,
der andere Sinn.

Die Jugend des Alters,
begründet
in dunkel – feuchtwarmen
Höhlen der Vergangenheit.

Das Licht ist aus,
die Lampe erloschen.
Viele Decken hatte das Sein
und Bilder im Kopf.

Über die Wahrheit

Wahr ist die Form.
Wahr vielleicht der Inhalt.
Kenne ich ihn?
Kann ich dahinter schauen?
Wahr der Anhang,
die Beschreibung:
es ist, was ich sehe.
Wenn ich dahinter sähe,
wäre es auch wahr.
Wahrheit ist
unteilbar ein Substantiv,
Summe der mikroskopischen Anhänge.
Schlagwort,
ich treffe dich.
"Veritas non est disputandem".
Nur die Form
liegt diesseits der Wahrheit.

Es ist, was ich sehe,
aber nur dann wahr,
wenn *ich* es sehe
und nicht durch
die Augen zweiter.
Somit kann ein Bild
nicht wahr sein.
Ebenso ein Film.
Nur ein Abbild von Wahrheit,
ein Spiegel
seitenverkehrt, das Geringste.
Verzerrt, gebrochen,
verfremdete Physik.
Bewusst verschoben,
bewertet durch Schnitte
und Farben.
Musik,
Intentionen dahinter,
Absichten.
Wenn ich es sehe,
ist es und hat meine Empfindung.

Was rückst du intensiv
die Möbel in meinem Kopf –
zu Recht sagst du !
Festes Inventar naturbelassen
jedes Stück hat seinen Platz.
Umleitungen gehen auf die Gemütlichkeit,
Bauplätze stören.
Gedacht ist gedacht, oder
willst du meinen Kopf sprengen.
Umzug in ein neues Hirn ?
In meinem Alter verlässt man
nicht mehr gern die eigenen Wände.
Nicht nur schieben,
neue Stücke braucht der Mann.
Angepasste Innenarchitektur.
Situativ oder prinzipiell?
Keine Skateboards unter die Gedanken,
flott durch neuen Untersatz –
alter Wein in neuen Schläuchen!
Also transzendent und esoterisch
erkannte Wunden abgepustet,
verdichtet sich der Okzident,
zum Orient,
als Teppich der Gedanken.
Gedeckelt sind Strukturen
von alters her massiv,
durch handgeknüpftes Kaschmir
in schwebend leichten Knoten.
Und scharfer Waffen bedarf es nicht,
Verbindungen zu lösen.
Der neue Trend,
er rettet nicht, verschleiert nur
des Chaos Ausgangspunkt.
Die scharfen Nadeln stricken
von außen Vorhangstoff.
Verschwommen nur wird sichtbar,
was Menschleins Ursprung war.
So schau ich in den Katalog
und such mir Möbel aus,
die Wahrheit –
den Rest entsorge ich.
Nur Staub ertrag ich nicht !

Wer bin ich?

Wilden Pferden gleich,
Schweife, Mähnen fliehen,
die Gedanken schweifen ab,
sinnlich wird das Bild.

Staub senkt sich ins Tal
und intensive Färbung
wandelt sich zu Grau.
Der Blick erfasst nur noch Konturen.

Die Spuren dieses Tages
verlieren sich im Nichts,
wo jedes Licht
im Ursprung schon verschwunden.

Da brauch ich keine Augen,
mit Freude gäbe ich sie
für andere Sinne her –
nur um zu wissen wo ich bin.

Zur Not würde ich ahnen,
Geräusche, Düfte, Wellen,
doch wie verschluckt sind alle,
Sinnesreize gibt es nicht.

So dreht der Denker
sich im Kreise.
Er findet keine Antwort,
nur Fragen sind so viel.

Ach, träfe er auf Wände,
auf Widerstand, auf Leben.
Hier könnte er erfahren,
dass seine Fragen ein Teil der Antwort sind.

Berühre, taste meine Wangen,
eingefallen hohl,
knochig überlebte ich.
In Höhlen die Augen.

Bleich die Haut, der Blick
niedergeschlagen,
dumpf, das Haar spärlich
über den abstehenden Ohren.

Doch sie erkannte mich,
meine Gestik,
müde zwar, doch deutlich,
„Was bist du geworden?"

„Alt nach außen und innen".
Meine Zeit Vergangenheit.
Doch dein Erkennen, das Berühren,
Lebenskraft beginn ich neu zu spüren.

Rostlöser im Kopf:
Versteigungsrückstände,
Stürze und Statik
und feste Struktur.

Zerfällt, was ist Prinzip?
Wärme
spannt meine Haut, rötet den Kopf,
ein tiefer Atemzug, Odem.

Ich schlage die Augen auf.
Es geht eine Flöte,
hell ist der Tag,
herzlich der Abschied.

Multifunktional
der Kopf
zum Draufhauen,
Köpfen, gedankenlos
in Händen gehalten zu werden.
Ein Kopf
voller Gedanken,
geeignet die Erde zu drehen
und Türen zu öffnen,
wo gar keine sind.
Besonders die eigene Welt
erstaunt,
nichts dringt nach außen.
Abgeschlossene Entbehrung
jeglicher Kommunikation.
Es drängt,
ich sterbe wie ein Hund,
der Magen zugedreht, das Hirn.
Kein Schrei
durchdringt die laute Einsamkeit.
Und jeder denkt,
das ist normal.

Scheue Pegasus,
scheue vor dem Flug,
erwäge den Landgang,
wo Absturz wenig wahrscheinlich,
deine Flügel nutzlos,
als Statustier verblasst,
die Gewalt der Befreiung
von Gravitation,
dich zur Normalität zwingt.

Hotte-Hüh-Pferdchen
mit Maulkorb übern Geflügel
geh' deinen Weg.

Ich seh' die Rosen nicht,
nur ihre Schatten
und glaube gar,
die Hand ist wahr,
die diesen Umriss malt,
obwohl auch sie
nur Schwärze fasst.
Ich schaue nicht
auf Wirklichkeit;
das Abbild ist zu monoton,
es fehlt ihr an der Farbigkeit
und riecht auch nur
nach Schatten.

Ich erlaube mir
böse Gedanken,
die verboten
im Kopf
durch das Raster
der tausendjährigen
Erziehung fallen.

Keine Instanz
hält sie zurück,
nichts verhindert
das Erscheinen.
Doch denke ich sie,
überkommt mich
kaltes Entsetzen.

Auf Böse
wartet die Strafe!
Wer denkt mit?
Wer ist der Richter
in meinem Kopf?
Welche Hürden
übersprungen?
Welche Fackeln
beleuchten die Szene?
Welches Gericht?

Verurteilt mich
nicht wegen dem bösen Sinn.
Wegen der Angst,
Schlechtigkeit
wäre besitzergreifend.
Aber beschützt
mir die Freiheit
zu denken,
ohne dass ihr mithört.

Der Steinsprung

Stumpf gesinnt,
das Blut
gerinnt mir unter Häuten.
Angefasst doch
nicht berührt,
noch es verspürt.
So lausche ich
seit vielen Wochen
schon dem Ton.
Es wurde wohl
versprochen,
er sei geschickt.
Doch so verborgen,
macht Sorgen
über das Gehör.

Vielleicht gehör
ich nicht
hier hin.

Der Ton
ist schon versteinert,
als er geboren.
Ein Zeugnis,
dass auch Sinn
ein Fossil war.
Das kann ich sehen,
begreifen, verspüren.
Den Ton
von tausend Jahren
im Ton der Zeit.
Soweit
geht meine Hörigkeit:
im Grabe
der Gesteine
vernehme ich den Rock
der Gesternzeit.
Und die Gefühle.

Entflohen,
fortgelaufen,
weg.
Aus der Enge,
dem Eingesperrtsein.
Licht in die Kerker,
Luft in die Keller.
Aufgestiegen
aus dem Muff
der Jahrhunderte.
Neue Wege,
frische Kraft.
Aufbruch,
Befreiung,
unnachahmbar
Novität.

Gedanken in Tat,
Ideen der Bewegung,
tatsächlich.
Aufgestanden
aus den Ruinen
der Möbel
deiner Wohnung.
Füße
auf den Boden,
laufen, laufen
bis der Platz
für neues Sehen
im Kopf
entstanden ist.
Leere
contra Fülle.
Angefüllt
mit Antimaterie,
bereit
den Gries und Gram
aufs Altenteil
zu schicken.
Bereit
den Stift
zu brechen

Folgeseite

und den Marschallsstab
in den Tornister
zu verbringen.

Ich schäm mich nicht
ohne Gepäck
im Kopf
zu flüchten.
Die Augen auf
für neue Sicht,
Gerüche frisch
und Laute ungewohnt,
das Wissen
zu erneuern.

Oh, Gott
gib Ruhe,
für den Schlaf,
für die Seele.

Wessen Gott,
wessen?
Unser Allah,
unser Manna.

Wer Recht,
hat recht.
Wer macht
den Abwasch?

Zum Kinde kam
die nackte Welt,
als er schon laufen konnt.
Sie sprach, hier bin ich.
Warst lange weg
und niemals da,
so sagte dann der Knabe.
Oh Holder, schon lange
vor deiner Zeit,
als unsereins noch Kleidung trug,
war ich da,
bevor der Mensch geboren.
Durch Zeitversatz
und Griffe ins Getriebe
komm heute ich
zu spät.
Meine Nacktheit stellt mich bloß.
Schon bald wirst du die Mäntel
finden, um mich zu verstehen.

Lass deine ausgestreckten Hände
über mir zum Segen.
Mach Gold aus allen Träumen
und meine Tränen trockne mir.
Beschützt durch dein Bewegen,
hab ich die Beine hochgelegt,
die Hände sind im Schoß,
denn unter deinem Wachen
entspann ich und verlier
den Drang zum Regen.

Ein Gang

Ich definiere mich
durch andere,
über andere.
Ich bin nichts
ohne Akzeptanz.

Meine Freiheit
ist die Freiheit
der anderen,
mich wahrzunehmen
oder zu übersehen.

Mein Gang ist bestimmt
durch die Hoffnung
auf Wiedererkennung.
Die Einmaligkeit
im Bewusstsein der anderen.

Beliebigkeit
ist mein Untergang,
mein Schwimmen
in der Anonymität,
namenlos.

Gebeugt
schaue ich auf die Schuhe
und frage
nach dem Besitzer
der Dinge.

Der schlurfende Gang
verrät
die Demut;
und meine Schuhe
sind einmalig.

Meine Beine,
mein Körper,
mein Geist,
meine Sinne –
ich bin, wer?

Geisterreiter

So sprach ich
zum Geist
der Vergangenheit.

Halte die Zeiten
bestimmt.
Lass gestern
und heute
auf ihrem Platz.
Verschleudere den Zorn
des Vergangenen,
aber halte
ihn nicht
für den Honig
der Gegenwart.

Schlage die Zähne
ins Gnadenbrot
der Jetztzeit
und erfreue dich
am Atem,
dem Herzschlag,
dem „ich bin".

Geist,
reich deine Ära,
doch morgen schon
bist du weiter
als jemals zuvor.
Deine Gegenwart,
zur Schere geschliffen,
zeigt mir
nur Alter
und Erinnern.

So bist du
das Teil
von mir;
von davor.
Das Knirschen
meiner Zähne,
geweißt
deine Existenz.

Folgeseite

Erfrage nicht
mein Glück.
Kürze nicht
den Bogen,
von vor der Zeit
zu jetzt.
Die Einheit
ist Belastbarkeit.

Es kommt der Tag,
er war,
es wird
das gestern sein.

Mein Zwillingsgesicht,
schau.
Anders als ich
kannst du,
du sein,
wie du
es willst.
Während ich
nur mein
Spiegelbild sehe.

Ich hätte es wissen können

Wo säße die Seele
fragten wir uns;
wir wussten es war der Verstand.
So dachten wir
und bauten der Seele
ein Nest in den Kronen
des Körpers, im Kopf.
Dort wärmten wir
die Eier der neuen Ideen;
der Schmerz
läge am Unwissen,
die Seele wäre leer,
weil die Bildung fehlte.
So kämpfte der Geist,
gefesselt durch die Herkunft,
um Befreiung des Denkens –
freie Gedanken,
erste Gedanken.

Ein Opiat, ein Pfeifchen.
Schon dachten wir,
was wir wollten,
fühlten,
wie wir es wünschten.
Knebel fürwahr
verschwunden für Stunden.
Die Seele im Kopf.
Nebel der Revolution.
Welch Wunder
die Schmerzen,
die trotz Verhornung
den Körper trafen.
Die Seele unantastbar,
Einsiedlerkrebs
klaubte das Gehäuse
von anderen
Beschützten, aber Verlorenen.

Ich wollte keine Seele,
da sie angreifbar war.
Nur große Gefühle,
doch weh durften sie nicht tun.

Folgeseite

Jahrzehnte,
Jahrhunderte,
ich verlor den Spaß,
entwickelte keinen Humor,
die Sinne,
eine Beschränkung
auf Sehen.
Reduktion der Seele
auf die englische See,
„I See You".
Leuchtendes Herz.

Mensch,
du suchst den Sitz.
Seele ortbar;
unwichtig.
Wir treffen uns,
wenn es Zeit ist
am Platz des Kennens.
Erkennen uns,
wissen ob unserer
Zusammengehörigkeit –
meine Seele.

Ich halte
die Luft, den Lauf einer Kugel,
den Tag und die Nacht
an.
Weil ich es will!
Meine Kraft
überspringt die Meere,
hält Tiden im Zaum,
kocht
auf großen und kleinen Feuern.
Ich schreie
und Berge zittern
ob ihrer Existenz,
wenn Kiesel für Kiesel
die Spitze verlässt.
Ich bin,
die Welt um mich
weiß
auch ohne Intelligenz
meinen Panzer
zu knacken.

Schade, dass ich nicht fragen kann,
ohne deinen Widerstand zu erzeugen.
Schade, dass Wirklichkeit sofort
zum Ende des Feuers, zu Asche mutiert.
Schade, dass ich immer glaube
der Wahrheit die Sporen geben zu müssen,
Schade eigentlich.
Doch bei allem „Schade",
ist glücklicherweise kein Schaden
bekannt.

Summer in the City

Gelechzt hatten alle
nach einem richtigen Sommer,
was immer die meinten –
er war da.

Nun schleppten sie sich
von Lüfter zu Lüfter.
Von Getränk zu Getränk
und wünschten Gnade.

Doch die Sonne brannte
erbarmungslos auf die Dächer,
selbst nachts strahlte sie nach.
Tränen waren vergebens.

Träge schlich die Zeit,
jede Bewegung ein Schweißausbruch.
Ich nehme mir die Wohnung
im Kühlschrank, im Souterrain.

Schweißgebadet aufgewacht
dachten sie an ihren Traum
von manteltragender Wonne,
Gänsehaut im Kopf.

Gestöhnt nach langen Wochen,
Regen, Blitz und Donner,
die Kleidung nötig machten:
„Wann kommt mal wieder ein Sommer?"

Keine Gehirnzelle,
kein freier Platz,
alles belegt
mit vorgefasstem Sinn.

Neue Gedanken
gefangen im Gestern,
beschränkt und beschieden
in Selbstdisziplin.

Fabelhafte Kopffreiheit
in der Kiste.
Das Haupt über dem Deckel,
überhaupt nicht begrenzt.

Schreie in Watte,
ungehörte Nachbarn.
Eingelegt in der Tonne
marinierter Träumer.

Freies Gehirn,
zellgeteilt platzschaffend.
Verzögerung der Bewegung,
vergeistigter Stillstand.

Besser die Beine hoch,
als den Kopf
arrogant in den Nacken.
Weggelaufene Gedanken.

Ich schaue durch dich,
ich durchschaue mich.
Scheinleistung,
das Attest der Strahlenbelastung.

Kopffrei und Hunger,
Zensur im Gehirn,
Verbindung bestreikt,
ich kenne den Sinn.

Schrei ruhig, wenn du es tust,
dein Körper verließ dich,
als du jung warst.
Jetzt denke dich wiedergeburtlich.

Wer hätte es geglaubt?
Ich war der letzte.
Ein Gespräch in der Kneipe,
peinlich, wie die Distanz.
Sollte ich zurückkehren?
Zeit verschoben, Vorsicht!
Du alterst – ach, wie schön
war es in meiner Jugend.
Offenen Mundes bestaunst
du die Mutation
deines Geistes.
Wohin gehst du, Fremder
der Körper altert,
das wusste ich.
Wusste ich es?
Aber das Ideen,
selbst wenn sie gleiche Worte tragen,
nicht mehr das gleiche sind,
versteh ich nicht.
So rette dich
zu Wohlgesinnten.
Verfrans dich nicht.
Du öffnest die Gräben,
selbst da wo keine sind.
Glaubst du das allgemeine Wohlwollen
läge über dir,
wie der Himmel über der Welt?
Denk lieber an die Blitze,
die treffen zu.

Wenn du glaubst,
dein altes Aussehen
würde mich schockieren,
liegst du richtig.
Doch leg den Mantel,
Hut, Gesicht, Körper
an der Garderobe ab.
Kein Mensch
erkennte dich.
Dein Spiegelschrank
verriet
dir nicht Identität.
Das Abbild
nebulös
mit Einblick
in die Seele.
Siehst du mich?

Was macht Gott,
wenn man ihm vergisst?
Keine Chancen hat
zu merken
aber weiß
und nichts mehr erinnert.

Vom Kind
zum Weisen,
wie lang der Weg;
ein Leben.

Alles zu wissen,
gebunden
in einer Person,
ist tönern.

Auf diesen Füssen
läuft das Sein
und Krücken?
Helfen nicht.

Das Weisen Kind,
ein blonder Knabe,
verwirrt
ins Land der Träume.

Als gestern heute,
war er stark.
Vergangen kurz
und Zukunft fern.

Es ist so nah
viel näher noch
als gestern war –
es gibt kein morgen.

Der Schatzgräber

Am Tag die Arbeit
manchmal nachts.
Abends dann die Gäste.
Spaß gehabt,
diverse Feste.
Sauer werden Wochen
mit Schweißausbruch verbracht.
Die Zeiger sind gebrochen.
Doch jetzt ist Mitternacht.
Und die Magie enthemmt
den Trend zum Müßiggang.
Jahrelang gestemmt,
gebremst ein Leben lang.
Entledigt jetzt der Pflichtenhefte,
befreit die Beine hochgelegt,
wirken neue Säfte,
hocherregt
auf meinem Körper ein.
Die Phantasie geht eigne Wege,
verändert ganz das Sein.
Neue Ziele für das Leben lege
ich im Geist zurechte.
Zu schnell jedoch die Außenwelt
verändert sich zum schlechten,
mal fehlt es nur an etwas Geld,
doch zumeist an guten Taten.
Was kann da Zauber mir verraten?

Geliebtes Leben,
lebende Geliebte,
liebes Leben,
lieber leben,
mehr als mir lieb ist.

Geliebte Lüge,
erlogene Geliebte,
liebe Lüge,
Lebenslüge
und du weißt nichts.

Erstunken, erlogen,
Wirklichkeit
mit Träumen gemischt,
Illusionen
von Leben und Liebe.

Bedien dich,
greif zu.
Wenn nicht ist was soll,
verändere
Lustbilder schwarz-weiß.

Genageltes Lächeln,
lustvolle Grausamkeit,
Falten, Gewebesturz,
die Lügen
des Alterns.

Befriedigende Magersucht
frühester Jugend.
Kugelbauch später,
Schürze überm Geschlecht.
Lebensweise.

Zirkusbild,
Aquariumssicht,
mildes Gesicht im Spiegel,
du wusstest es
von Anfang an.

Folgeseite

Geliebtes Leben,
geliebte Lüge,
erstunken und erlogen,
bedien dich,
erschaffe es neu.

Die eine Mutter

Siehst Mutter du,
den Seidenkranz,
den Schein
in meinem Herzen.
Besonderer Platz,
selbst wenn
Liebe schwer zu sagen.
So steht
doch „Mutter"
stellvertretend,
schwergewichtig,
platzhaltend,
für Ursprung.
Von Anbeginn
kannte ich keinen.
Erst du
gebarst mich
zum Einem.
Und Jahrelang
galt dein versteckter Wille
als Gesetz.
Vater glaubte
an seine Kraft.
Der Kinder
freies Wollen
blieb zum Schein
gewahrt.
Der Mutterwille
war im Vordergrund.
Alle wähnten stärker
als die Mutter,
doch sie
bestimmt die Harmonie.
Schwerkraft,
die Beine auf Erden
verhindert das Fliegen
und eigenes Tun.
Dienen,
dienen
angepasst,

Folgeseite

stumm ertragene
Demütigungen.
Oder christliche Stärke ?
Verliererin...
Doch
kann eine Mutter
verlieren ? –
Nie !
Das erste Wort
wie das letzte
als auch Gefühl –
ist Mutter :

Mutter Erde

Demenz

Ein Atemzug,
ein Blatt beschrieben
mit Gedanken.
Vergiss, zerreiß!
Gedankenlose Atemnot.
Einzelteil,
nicht Einzelfall,
vergessen ein Leben.
Stück für Stück.
Was bin ich?
Nachdem ich Seite für Seite
aus meinem Buche riss.
Müll, einer klaren Vernunft?

In Nichts versinkt
Vergangenheit,
verliert Bezug
und Gegenwart wird zeitlos.
Gut?
Gut, dass dein atmen
fremden Zwängen unterliegt,
sonst würde ich ersticken
ein Leben lang.

Irrwege?

Wenig nah
sind wir.
Berühren uns kaum.
Wie das Weltall
dehnen wir die Beziehung –
Singularität –
Geburtsknall,
Urvertrauensbildung übersprungen.
Gleich zum Sittenbild.
Bildung mit Knicks und Nicken.
Rituell der Händedruck,
der Kuss nur hingehaucht.
Mutter? Vater?
Kosmologie, Irrwege.
In Myriaden
ein Treffen?
Doch bis dahin?
Ja, ich rufe dich an,
sobald ich Zeit habe...

Erinnern

Über Hürden gesprungen.
Die Ziele den Leistungen,
die Höhe der Brotkörbe
angepasst der Sprungkraft.
So erfolgsverwöhnt
gehe ich befriedigt
in den neuen Tag.

Und morgen in einer Zukunft
klappert das Gebiss.
Dann werde ich
auf dem Zahnfleisch meines Geistes
um Suppe winseln.
Sag mir einen Satz,
ihn zu hören und erkennen,
wäre Freude schon.

Halt mich fest mein Leben,
der Fluss ist reißend.
Schnell erlischt Vergangenheit,
genauer noch Erinnerung.
Ein Sack von Haut,
„das war doch...?",
für die anderen
und *du* weißt nichts.

Hinter den Wolken

Das ist gut,
du suchst,
mehr als die vermeintlich
verlorenen Schlüssel.
Du suchst Licht!
Du rennst
gegen Wände,
Widerstände brechen.
Windest dich,
streifst die Fesseln
ab wo du kannst.
Du wehrst
dich gegen Gravitation.
Flugversuche
lassen dich tiefer
sinken als zuvor,
mein Ikarus.
Die Sonne
ist es was du willst.
Wegzeit,
Fingerzeig.
Nur diese Schatten,
nicht erkennbar
der Grund, Tiefe.
Die Beschwörung
von Licht,
Zauberer der Worte,
reicht nicht
für Durchblicke.
Die Lichtblitze,
Lichtblick
im Augenblick
sehe ich
den Weg. –
Und hinter Wolken,
die Sonne.

Schwebende Zeit

Es tötet die Zeit
das Gestern.
Gummibänder
schnurren nicht mehr.
Tonlos reißen
die gezackten, trockenen
Saiten, saitenweise.
Und du,
wunderst des verschwungenen Klangs,
vermisst die schwingende Luft.
Spannkraft
aus Worten, ja danke,
Gefühle, nie
gehabte Emotion vergessen.
Gestern zerrt
heute mich hin und her.
Der Schwung eben
ist bruchstückhaft.
Staccato von Gewusstem.
Märchen, freies Geleit
für Wahrheit
und schone ich sie,
macht Alter das Knie.
Ich lebte,
geschweige ich lebe
und koste die Lüge
wie Honigmet aus.
Schon Gestern
tötete ich die Zeit
von morgen für heute.
Doch wenn Ende
dem Anfang voran,
war der Kreis geschlossen,
der Schluss vorbestimmt.
Heute im Kopf,
in den Knochen Krebs,
von Gestern gefressen –
jetzt ist die Zeit!

Weiser Alter

Alter Mann,
halte die Tischplatte
mit den ausgebreiteten Gedanken.
Halte dich fest
daran.
Einige jugendliche
sind darunter.
Viele verstaubte,
schwer wie Bleikugeln.
Schwarze Löcher des Verstands,
ziehen Sie ob ihrer Schwere
das Licht der Aufblühenden
in ihren Bann.
Alter Mann,
frech frisiert,
Tolle in der Stirn,
hohe, tolle Stirn.
Er hat die Stirn
den Jungen zu sagen
welcher Weg richtig
oder verworren sei.
Alter Mann,
im Höhepunkt
breiter Gedankenpool,
konzentriere den Verstand
auf Zuhören, Verstehen.
Nimm dich zurück,
du hast die Gedanken
standest in der Mitte.
Staubgewischt
bereinigt, wahrgenommen.
Du bist
was du denkst,
alter Mann.

Erosion

Ja, ja, das greise Haupt
gewogen bis zur Brust.
Die Sonne steht im Westen,
nahe schon dem Horizont.
Die Zeit der Grübler, Egomanen,
rückt schnell heran.
Denn mit den langen Schatten
rücken auch Gedankenmonster an.
Verstellte Sicht, das Leben
in der Tonne, der graue Teint
zeichnet dein Gesicht.
Den Kopf gewiegt, ja, ja,
Veränderung bedarf der Jahre,
langer Zeit, ein Leben.

Gedanken sind zeitlos,
der Körper begrenzt,
formt daraus Bewegung.
Und Wanderung zwischen
Neuem oder eher noch Alten.
Ein Wandern auf den Nordpol
der Erde.
Vierundzwanzig Stunden
um die Achse des Ich's.
Langsam wackelt
das greise Haupt haltlos.
Nur so sind die Torsi
entstanden,
als Körper ohne Kopf,
als Köpfe ohne Körper.

Ich tanze im Regen.
Gedankenspritzer,
Lobgesänge auf Leben.
Schutz vor Vitalität
gewährt ein Schirm
von überlegten Reden
aus der Vergangenheit.

Alter Kamerad

Vertreter eurer Generation,
verratet mir
die Sichten eures Seins.
Kriegsgewinnler und Verlierer,
lebt ihr noch so lange.
Redet über Schützengräben,
über hohe Werte, die zu geben
den Schwarzen es sich lohne.
Ehre für das Sterben,
gestützt auf alten Stahl von Krupp.
Frühe Kunst des Tötens.
Und mein Freund,
auch dir hau ich den Schädel ein,
wenn du mein Gegner bist.
Säbelgerassel, Liebesentzug –
zitternd erlebe ich die Welt von gestern.
Kälte, Stalingrad, Seele
verloren in Tollkühnheit und Tollhaus. –
Das waren noch Zeiten.

Locke,
was willst Du
ohne Haare,
der Kopf
voller Stirn?
Wurzelfraß,
Elenbi
nach innen
auf Empfang
gehirnter Wellen,
Reflexionen.
Schläfenlappenmassage –
Schwamm drüber.

Altengeburtstag,
Geisterstunde.
Seelen von Gestern
gedankenvergangen.
Frische Energie,
Mangelware.
Schlagt eure Köpfe auf
und lest
die Erfahrung.
Bindet sie ein
in heutige Welten.

Schleiche dich davon,
gib dich nicht bekannt.
Der Mantel verhüllt
und ungesichtig
stellst du den Körper.

Gestalten wie Du,
doch Seele unsichtbar
im Schoß der Dunkelheit
gebierst du Angst
und unterbrichst den Weg.

Lichter mit bestimmten Zielen,
Augen gleich durchdringen
die Nacht um mich herum,
geblendet schließe ich die Lider
um lichtlos auf mein Ich zu schau'n.

Nur so kann ich etwas ahnen,
was ganzheitlich in mir vorhanden.
Für Augenblicke bin ich frei,
zu lieben und Mensch zu sein –
Oh, rüttele nicht am alten Körper.

Alter als Ratgeber

Du liest die sechste Zeile,
fährst über den äußersten Ring,
verweigerst die Zügel
und schäumst vor dem Zaumzeug.

Du schüttelst das nasse Fell,
ölst die Scheiden der Krallen,
prüfst ihre stählerne Härte
und fragst *mich* nach dem Weg!

Du platzt vor deiner Stärke,
die Muskeln spannen die Haut
mit einer unbändigen Kraft.
Was kann *ich* dir schon raten?

Deine Haare fliegen frei
und manchmal gewellt
um das hoch erhobene Haupt.
Da red ich *dir* von Moral?

Neid ist dein Ratgeber.
Furcht und Angst die Redner.
Aufgelöst um mich die Gedanken,
moralin-saures Geschwätz.

Flieg Vogel, fliege.
Suche dir Richtung und Wege.
Die Schwere dein Steuer,
Anziehung deine Kraft.

Und Alter gefragt um Rat und Tat,
so bleibt zuletzt nur das Alter.

Eltern (romantisch)

Ich floh aus meinem Elternhaus
aus Jux, aus Frust, aus allem.
Befreiung war das Zauberwort,
in allem klang es wieder.

Welche Magie, um Himmels Willen,
ließ dann die Rückkehr zu?
An Mutters Brust,
an Vaters starken Arm?

Oder Schutz vor kaltem Atem?
Beschirmung nach der Illusion?
Ruhe vor Verfolgung?
Mag alles Wahrheit sein.

In jedem Fall Erinnerung,
als Schafes Schlaflied klang
und irgendeine Liebe
das Streichellied erfand.

Ja, kehr den Eltern deinen Rücken,
kalt, kehr dann zurück nach Jahr und Tag,
in diesem ganzen Leben
gab es gegründet Sicherheit nie mehr.

Nie mehr als bei den Eltern!

Salz in der Suppe

Fass zu, Salz halt,
Deckel fest gehauen,
Lake eingemacht,
im Sack gefangen.
Gedankensole,
marinierte Idee
von morgen.
Zartheit durch warten.
Sinn als Erfahrung der Zeit.
Minutenglas,
Staubkorn für Staubkorn
sichtbare Sekunden.
Wahrgenommene Menge
Zerhacktes, von da bis da.
Geburt, Tod,
Anfang, Ende, Anfang?
Eingelegte Zeit für morgen –
Lagerhaltung,
Bevorratung.
Dunkle Zeit in Säcken.
Schutz vor Verwesung,
vor Ungezieferfraß.
Vertane Zeit.
Das Heute notdürftig
frisch gehalten durch Bindung.
Zeitkonserve:
was gestern, gilt heute;
konservativ.
Leider verführerisch
für Führer und vorgeführte
Talsohlenbezwinger,
Daubenprinzen,
Genießer der Laken.
Salz des Lebens,
Mineral,
reduziert auf Gerinnsel
zur Anzeige von Lebenszeit.

Eine Totenrede

Ob ich nun hier innen liege
oder mein Körper zu Asche gebrannt –
es ist vorbei,
im guten oder schlechten.

So weint um mich,
doch wäre es mir lieber,
ihr lächeltet statt zu betrüben.
Euer Leben wird fortgesetzt
und das erfreut mein kaltes Herz.
Sinnt keine zehn Minuten länger
über mich,
sonst malt ihr Bilder,
die die Wirklichkeit verklären
oder die Langeweile
schleicht euch von unten
in die Hosenbeine rein.

Deklamiert die Biografie
als Ausdruck der Gedankenwandlungen.
Ihr dürft den Mund verziehen,
lachen,
wenn meine Fehler sichtbar sind:
Wie habe ich „gerungen",
bevor ich einen zugestand;
manchmal,
manchmal leichter fiel es mir.
Vermisst mich
als widersprüchlichen Diskutanten,
das „enfant terrible",
das dann bereute,
wenn alles nur aus Spaß geschah
und nicht im Bergwerk der Gedanken
aktives Potential geschürft.
Trauert um manche blitzblanke Idee
oder den Fingerzeig auf einen Stern.

Uns fehlt die Musik,
Gitarre sollte es schon sein,
doch bitte keine Panik,
nicht das ich selber spielen wollt,

Fortsetzung

wenn ich's denn könnte;
nein,
leise nur im Hintergrund,
virtuos und versponnen.
Ein wenig in Gedanken
an die Zeit, als Denken frisch
geübt, neu und anregend war.
Fragen gestellt,
infragegestellt,
nach Antworten gesucht,
gekämpft um mein junges Leben.

Ich war aber nicht allein,
der diese Fragen formulierte
und das Glück
in meinem Leben:
fast immer traf ich sie,
die Außergewöhnlichkeiten machten,
die nicht nur an Geld, Haus und Kinder dachten.
Die über ihre Gegenwart hinaus
ins Feld, die Welt und Zukunft sahen.
Freier Flug der Ideengeflechte,
Assoziationen,
bereit die Bilder einer Zimmerdecke
sinnierend zu betrachten.
Auch der stramme Gedankenschritt
war niemals hier verpönt:
doch wurden alle Ideologen
später strenger Prüfung unterzogen.
Liebende, zumindest interessierte
Wegbegleiter, Wegaufweicher
und Wegweisende
spurten meine Pfade.

Mystik habe ich gesucht,
um Hintergedanken zu durchschauen.
Kein spirituelles Erlebnis
nahm mich gefangen,
hätte ich durch sie die Freiheit verloren.
Eine Ablenkung vom Wege,
dem suchenden,
war so mancher kurze Rausch,

Fortsetzung

der machte wohl die Luft
über den Wolken atembar.
Als „Möbiusband" entlarvten sich
die Läufer ohne Richtung selbst.

Als mein Vater verschieden vom Fleisch,
genau am Abschiedstage
betrachteten wir uns jene Krücken,
die einem schwachen Geist,
eher noch dem ungezähmten
Gedanken Zügel angelegt.
Oh Gott, wie verlegen dann
das Liederbuch ward abgelegt.
Drinnen war kein Weg beschrieben,
den wir noch nie,
obschon tausend mal, gedacht.
Ich sing euch nun zu Troste:
Es ist *euer* Leben das *ihr* lebt!
Und wisst ihr noch
als der Verfasser dieser Zeilen
allen Ernstes rief:
„Ich bin unsterblich!"
So lächelt bitte jetzt im Angesicht
dieser Anmaßung auf der Suche
nach der Wahrheit.
Doch haftet ihr ein Rest an
von der Unendlichkeit.

Geliebte Welt,
geliebtes Leben
und auch ihr lieben Menschen hier,
die letzten Worte fallen
schwer
aufs Dach wie Regen –
Trommeln,
im Rhythmus wiegen.
Leise Musik...
(Pause)
„Ich grüße Euch ein letztes Mal!"

Ich will nicht
dass ihr tötet,
auch nicht in Worten.
Filigran der Mensch,
lange wärt das Werden.
Schießt ins Wasser,
trägt die Berge ab,
aber tötet nicht
das Leben.

Leben
jenes feine Gespinst
selbständiger Regelkreise,
kompakt, komplex.
Doch erst zusammen,
ohne Einschränkung,
lebt es autonom,
entwickelt gar
den eigenen Fortbestand.

Von Rechten frei
 erhoben über Leben,
entscheidet Ihr
den Tod, das Weiterleben.
In eurer Hand.
Den Daumen unten,
den Daumen oben,
bestimmt ob es das Ende,
auch deines Lebens sei.

Tötet nicht
aus der Vernunft,
denn jedes Leben
ist mehr wert
als tausend Tote.
Die Wahrheit ist das Leben
und auch der Tod dazu.
Wahrheit bleibt wahr
auch ohne euch.

Zusammen geschlagen,
getreten,
erkennen sie mich:
Hey, das war eine Show
dein Tod war wichtig;
geopfert für die Courage.
Im Leben ein Niemand
gewannst du Bedeutung
über den Tod hinaus.
Nun stehst du auf T-Shirts,
allgemeine Verehrung.
Pech: Das du tot bist !

So jag ich denn den Wagen
über das ganze Firmament,
bis gülden strahlt der Himmel
und Licht tritt ein ins Menschenherz.

Der Stich im Herzen traf,
tödlich krümmte sich
der Körper über dem Buch.
Der Kopf schlug auf die Seiten,
lautlos schwoll der Schrei
zum Hilferuf heran.
Ganz langsam starb,
der nur erahnte Ton.
Dann war es endlos still.

Hoffnung

Innen die Wärme gelebt,
außen gestorben.
Kragen hoch dem Wind getrotzt
und Schnee schmilzt auf den Körpern.
Den Kopf zum Trotz erhoben,
Wangen rot.
So leb' ich noch in meinem Kopf,
denn Kälte schneidet messerscharf
die Haut in Farben.
Die Ohren abgefroren, die Lider frisch bereift.

Doch wank' ich nicht,
bin Energie getränkt
und Leben knallt mit wildem Schrei,
zerfetzend meinen Leib,
auf reizend massenloses Sein.
Oh, lasst die Sonne wieder scheinen,
Wolken fortgeschoben, Strahlenkraft.
Der Tod mit Licht im Auge
ist wärmer als die Nacht.

Wehrlos

Die Hände gehoben,
wehrlos.
Den Hals zum Biss gehalten,
Instinkt –
und Stärke akzeptiert.

Die Hände gehoben,
wehrlos.
Ich beiße dich bis letzte Kraft
den Körper flieht –
dein Tod ist mein Brevier.

Die Hände gehoben,
wehrlos.
„Ich bin ein Mensch!"
Allein –
meine Erinnerungen.

Wehrlos gespalten,
Baal.
Doktor und Mister
und Feuer –
genügt dem Widerstand.

Losgelassen kapituliert
der Alltag.
Das Mittelalter auferstanden
Mensch –
wir werfen vom Felsen die Kinder.

Und singen mit Teelichtern,
Hand in Hand.

Ein Zeichen

Verlassen
von allen guten Geistern.
Entlassen
in die Welt weder geistreich noch klug.
Leer der Platz, menschenleer.
Wüstengesträuch weht verloren.
Der Tritt
hat keinen Klang, unhörbar,
nicht für wahr genommen, der Schritt.
Dennoch drängt es den Gang,
querend das Terrain,
der ehedem Lebenden.

Zusammenhänge, Zwischenräume,
Abhängigkeiten,
gesucht und stolpernd gefallen.
Erfahrung von Schmerz
als Abwesenheit von Wohlbefinden.
Lauwarm der Kaffee,
die Zigarette ungezündet im Becher,
seit Jahren.
Im Stein keine Initialen,
der Platz kann nicht besetzt,
in Besitz genommen werden.
Eigentümerin ist die Kühle
auf dem Weg.
Weicht Beweglichkeit
zunehmender Starrheit.
Verhalten mit den Armen geschlagen,
flatternd der Kälte entfliehen.

Öffne die Augen, wache, sieh' auf!
Zwar ist kein Frühling
um Dich -
Alles auf Neubeginn geschaltet,
wäre doch zu einfach.
Schärfer geschaut erkennst Du jedoch
die aufkommenden Keime,
als Zeichen von Anfang.

Rainer Beinlich   Okt. 1999
http://www.lyriker.com

Und Trauer

... und Trauer
lass ich nicht an mich heran.
Herr
meiner Gefühle,
Beherrscher der Äußerlichkeit.
Kälte durchdringt
meine Knochen kalt.
Die verstorbene
bin nicht ich.
So nehme ich meine Wärme,
schützend vor dem kühlen Grauen,
fest in diese Hände.
Auf das sie nie versiege,
drücke ich mit ganzer Kraft
bis mir die Luft
zum Atmen fehlt.
Fast schwerelos
entweicht die Schwärze
meinem Körper.
So steh ich überm Grab,
die Beine sind zu kurz –
es rutscht sich schon ein bisschen,
Doch Trauer
zieht mich nicht nach unten,
es ist der Hoffnung Los,
mit Lächeln um dem Mund.
Ein flottes Lied,
Stakkato laut gepfiffen
ergänzt den Eindruck.
Ich hab jetzt keine Zeit,
er gibt's nicht her,
der Körper weigert sich
... und leben
will ich bleiben.

Ich kratze mich am Lack,
ich beiße in die Waden.
Ich bin der Bumerangwerfer,
der Fänger im Roggen.

Tödliches Geschoss abgelenkt.
Wie Gedanken von Betroffenen.
Zwei Hände erhoben,
so greift mich doch an.

Bleierne Melancholie,
Schwermut des Geistes.
Wenn gebissen, dann wegen uns
und keine Depressionen.

Ich schaue in die Augen,
sie glänzen nicht.
Krallen an den Pfoten,
Reißzähne im Gesicht.

Du wirst mich erkennen,
schau in den Spiegel,
dein Grinsen ist ein Teil
der Raubtiersicht.

Und friedlich schlummert
das Tier in mir,
doch manches Mal
schnellt es hervor.

Oh, grimmig Körper
Gewalt vernarrt :
So viele Feinde,
so viel Ehr.

Mit blutbefleckten Lefzen,
am Leibe bebend,
den Schwanz eingeklemmt
in Embriokauerstellung.

My home is my castle.
Die Fänge im Holz,
Abdrücke der Leben.
Wärme für mich.

Der Ort: Front Village
der Name:
Belsazar,
Glas in der Hand,
seit Wochen schon.

Verschworen der Suche
nach Kraft und Größe,
den Kelch nie geleert
und Gott nicht gefunden.

Hockergefesselt an der Theke,
das Unterarme Bestandteil.
Holz der geschnitzten Gedanken
und Wände sind frei.

Keine Zeichen von Hoffnung
dreht der Ventilator
in dem Kaffeesatz,
zu lesen die Antworten.

„Die Fragen, die Fragen,
erst diese gestellt",
versucht der Tote neben mir
meine Stimmung zu heben.

Noch immer starre ich
ins Glas, wie das Rote Meer,
erwartend die Teilung,
Erkenntnis und mehr.

Doch der Ort ist ein Omen,
der Name vergessenes Gedicht.
Der Blick schraubt sich in Wände
als Haltepunkt für Bilder.

Nur das Skelett des alten Königs
liegt schlaff über dem Tresen.
Vergeblich huscht das leere Auge
und höhlt die Mauern aus.

In Frontstadt
hört das Suchen auf
nach Zeichen oder solchen,
seit dem Du verschwunden bist.

Der Tod wischt die Spuren
des Lebens aus.
Es bleibt die Erinnerung
der Überlebenden.
Hier hinterlässt er
für Generationen
geschnitztes Holz.

Jeder Handschlag ein Bild.
Jede Berührung,
schon zu Lebzeiten selten,
ein Traum.

Welche Burg hast du gebaut?
Die deine könnte nie geschleift,
geschweige neu geschaffen werden.
So leben wir
vom Tag des Abschieds
und denen davor.

Dann und wann
rutscht Sand in die Spur,
doch die Richtung
wissen wir Lebenden noch;
am Horizont,
ein oder zwei
Daumensprünge vorbei.
Die Richtung stimmt.

Der Tod,
ein Meister im Putzen,
blitzblank –
mit Fingerabdruck.

Die Größe des Schmerzes

Jeden Tag sterben Menschen,
nicht jeden jedoch
die, die uns nahe stehen.
Wieder ein Weihnachten
ohne Eltern,
wieder vermissen
die Söhne Geschwister
und Töchter die Väter,
die Mütter und Kinder.
Wer zuletzt stirbt
ist zuletzt
einsam.
Jeden Tag sterben Menschen,
die meisten sind unbekannt.
Manchmal lesen wir Zahlen,
manchmal geht es uns nah,
weil es ein Deutscher
oder ein junger Mensch war,
die allermeisten kennen wir nicht.
Doch stirbt uns ein naher,
entscheidet die Entfernung
über die Größe des Schmerzes.
Dieser Tod
zeigt uns das Leben.

Ein Tod

Ich weine keine trocknen Tränen,
ich weiß die Worte
auf meiner Seite.
So hatte er doch das Alter,
war es eine Erlösung?
Über den Gefühlen
sehe ich den klaren Himmel,
kühl zwar,
mit einer wunderbaren Reihe
von Planeten:
im Westen funkelnd schön
und blendend, Venus,
ein hell leuchtender Kandelaber.
Im Osten nicht minder schön,
jedoch zu tief noch,
um über die Häusergiebel frei zu schaun,
Jupiter.
Hoch oben, nahe dem Zenit
Saturn, beinah verborgen
zwischen den Gestirnen
und sichtbar noch
mit rotem Ton der Mars.
Sie alle auf der Bahn,
die Menschen aufgezeichnet
für jeden Ort der Welt.
In dieser Nacht nach deinem Tode
schärft die Betroffenheit
den klaren Blick.

Gesänge

Also dann,
beginne den Gesang,
belege das Leben
mit einer Melodie.
Töne der Trauer,
Sehnsüchte.
Rufe die Stimmen,
Stimmungen
von ihr und ihm.
Inszeniere
die Treffen
der Gefühle.
Halte die Zügel straff,
wenn die Triller
kommen,
aus tiefem Hals.

Gesang der Jünglinge,
die Kräfte sich messend.
Gesänge der Frauen,
klagend den Tod
ihres Lebens.
Lieder der Alten,
mit kehliger Stimme
bedauernd
vergebliche Müh.
Sie stehen im Kreise,
glasige Augen
gen Westen,
dem Sonnenuntergang zu
und suchen
den Boten des Wetters,
gierend nach Wärme
und Licht.
Die Dämmerung
legt einen stillen Mantel
über die verstummende Schar.
Niemand stellt die Frage –
wir wissen.

Nicht alle Zeiten sind Freunde

Ich traf den Herbst,
der Winter folgte.
Dem Frühling nun begegnet,
sind alle mir sehr lieb.

Die Lüfte in Bewegung,
die bunten Blätter fallen,
das Leben angebremst,
der Herbst mein Freund.

Im Winter traf ich lautlos
auf Enden und den Tod.
Erst der Schrei der Krähen
gestand dem Leben Folge zu.

Gemächlich war der Start,
doch steigert sich Geschwindigkeit:
die Metamorphose Grün.
Hoffnung ein alter Bekannter.

Der Sommer ?
Na, er käme dann wohl.

Und Wolken tief am Boden,
ich fühl mich wohl.
Die Depression von vielen
versteh' ich schon.

Doch Nebel im November
ist Jahreszeitenreiz.
Mit Rückkehr auf die Eigenheit,
Besinnung auf das „Ich".

Nach links die Angsterstarrten
und rechts ist Innensicht.
Die tiefen Wolken lichten
in absehbarer Zeit.

Vor grauem Himmel Weiden,
Kontrast geweicht,
doch Zukunft ist erkennbar.
Schön Winter, auch du wirst geh'n !

Das welke Blatt
vom Baum
fiel ab.
Kaum glaub ich,
dass das Blatt
es wollte.
Reicht es doch schon
es welkte.
Das Make up war hin.
Kehrmaschine gar,
nahm das Blatt
auch nicht mehr wahr.

Vorfrühling

Die Sohle auf dem feuchten
Untergrund
piepst, quietscht,
wie der erste Vogel
im Vorfrühling.
Meine Mutter
trägt ihre neue Linse
bis sie eine große Brille hat,
eine zum Lesen,
eine zum Sehen,
auf der Zunge.
Mein Vater
erkennt meine Stimme:
„Geht's dir gut?"
Ich bleibe hier
nicht für ewig.
Wie alt werde ich denn?
Na neunzig, dieses Jahr.
Hab ich doch ganz vergessen.
Meine Mutter
sieht ihren Sohn
mit zwei Schwiegertöchtern,
Nacht für Nacht
am Auto reparieren,
um sie zu besuchen.
Der Wind
peitscht den Regen
waagerecht.
In welcher Lage
schaust du auf die Füße,
horchst auf das Gehen.
Es trifft dich direkt.
Die Nässe, der Vogel.
Vorfrühlingsherbstwinter.

Der Herbst ist da

Das unausgesprochendste Mal
sehe ich die erste Kastanie
im Jahr.
Es ist immer die Erste,
die ich sehe.
Schon die zweite
stecke ich nicht mehr ein,
mir die Hand zu schmeicheln.

Die vielen anderen -
ignoriert,
werden sie von der Stadtreinigung
entsorgt und ich warte
auf die Erste,
die zunehmende Gebrechen
des x-ten mals
beseitigen soll.

Es scheint, als wär's dieselbe,
verändert durch die Jahre.
Der Weg jedoch erkannt,
Fundort wie davor.
Glatt, feucht und geschmeidig,
braun glänzend, mit Mond
ist diese Erste beseelt -
von meiner eigenen Mystik.

Rainer Beinlich, im September 1999
http://www.lyriker.com

Herbst,
neue Blicke,
neugierige Blicke,
Einblicke.
Farben,
was für welche ?
Unausgezählt
Grünkontrast,
Farbspiel,
Kindergeschrei,
Kinderspiel,
Sonne, Kühle,
Wind um die Wangen.
Blinzeln, Schattenspiel.
Das Kind schließt die Augen,
ob der tiefstehender Sonne.
Geht eingekuschelt
in Wärmelagen.
Vertraut den Rufen,
dem leisen Führen
der bekannten Stimmen.
Vertrautheit
bei Gefahr.
Der Teich trocken,
abgefischt.
Bäume in endgültiger Pracht.
Frag nach dem Höhepunkt
im Leben,
der Herbst.
Wunderschön
das Jahr,
alles gekostet,
mögliches erlebt.
Verdichtete Zukunft
und warm.

Wieder mal ein heißer Sommer

Gnadenlos
scheint die Sonne.
Die Hitze
steigert sich
Körpertemperatur
außen wie innen.

Gebeugt
schleppten sich die Einheimischen
in schwarzen Burnussen
verhüllt.
Verwundert
über den Hochmut der Fremden.

Den Kopf
unbehütet vor der Sonne,
die Arme nackt
die Waden.
Mutig
bis zum bitt'ren Ende.

Wir sitzen
im Schatten bewegen
uns wenig.
Lauschen dem Wind
der spärlich,
durch die Sonnenstrahlen weht.

Eiszeit,
ist lange her.
Nackte Häute,
Hitze der Kühlung bedürftig.
Sehnsucht
nach der Vergangenheit.

Dem Winter,
dem letzten, aber
der wärmer war.
Schon ohne Mäntel,
nur mit Blousons.
Das Iglu zaubert Gemütlichkeit.

Folgeseite

Die Sonne
zieht Kreise, die Erde
verändert die Winkel.
Mediterrane
in dieser Stadt.
Gewünscht, gewollt - stöhnt nicht.

Im Schuhkarton
Rotwein, italienisch
trocken
der Sommer und heiß.
Kohlensaures Wasser,
Fenster weit
geöffnet,
Max Frisch auf den Knien
mit Blick
auf die Staffelei.
Zwei Frauen
fotographisch nie zueinander
findend.
Blind wie Gantenbein,
Geruch von Firnis,
Vorfreude
auf Vernissage.
Träumend schaue ich
und fühle
inhaltsreich die Suche
nach Leben.
Kurzzeitig
Lockerheit im Schwebzustand.
Zufrieden schließe ich die Fenster
und geh.

Das Wetter

Oh ja,
das Wetter
entspricht mir.
Schön frostig
und feucht.

Handreichungen
lassen
die Gegenüber
erzittern.
Hände weg.

Öffne den Mund,
benetze
die Lippen
und zitiere
den Fisch und das Meer.

Tröpfcheninfektion.
Schleimbeutel
heulen vor Schmerz
das Wetter
in mir.

Bespricht
meine Wunden.
Weicheier,
salmonellengefährdeter
Weinkrampf.

Mich macht es
nicht fertig,
die Erinnerung
an das Wetter
voriges Jahr.

Sollte es sein,
müsste ich auch im Sommer
frieren,
doch meistens
verheizt mich der Winter.

Schlafgenüsse

Du hörst Geräusche
liegst wach,
der Puls mäßig
hörbar.
Wieso dieses Lied
vor hundert Jahren
zuletzt
und nun
minütlich.
Beine langgestreckt,
Arme parallel,
Atmung ruhig
konzentriert,
körperorientiert.
Ich hätte es tun sollen !
Was ?
Und das Lied
kopfimplantiert.
Also es war ein Fehler.
Bitte, bitte
schnarche nicht.
Warum kann man
im Liegen fliegen?
Auf der Seite entspannter...
Ausschalter her !
Innere Lautstärke ungedämpft.
Ich höre meinen ruhigen Atem
schon länger nicht mehr.
Was war denn nun
der Fehler? –
Das Fernsehgerät
hätte ich früher abstellen sollen.

Gewohnt,
die Hand des Herren,
der mich schlägt
zu lecken,
gewohnt die Hand
meines Herren
zu verwöhnen,
bleibt der Zahn
der Zeit, die Hände,
die ihn füttern wollen,
wie gewohnt.

Der Blinde

Was hatte ich
in dieser Nacht
im Kopf,
außer dem Wein
und dem Grappa.
So träumte mir,
ich ginge fremd
in einer Stadt,
in Straßen
unbekannter Ortung.
Neben mir
das Klappern
nie gehörter Clogs.
Doch schau ich näher
ist's das Schlagen
einer Krücke,
die mich Blinden
durch die Fremde
führt.

Lebenslügen

Wie weit kannst du lügen?
Wie lange schreiben,
ohne deinen Titel zu verraten?
Deine Schrift
verrät den Lebenswandel.
Ja warte auf den Fall,
der nur begrenzt durch Aufprallfestigkeit.

Und schallend knallt der Schlag
auf deine Wange.
Entsetzt?
Erkennst du nicht des Schicksals Milde?
Du Unwahr, heiter verzeihlich,
glaubst du doch wahrlich selbst,
die feingesponnenen Geschichten.

Erfolgreich setzt du deine Füße
auf fremdvergebenes Terrain.
Dein Leben als Legende,
nichts ist gefälscht, nichts ist betrogen,
nur ungenau beschrieben
ist die Vergangenheit –
dein Leben halt gelogen.

Imaginationen

Ihr dürren Gestalten,
ihr Fadenscheinige.
Hellsichtig umschwirrt,
meine Gedanken bedroht.

Gebt euch zu erkennen.
So bin ich schildlos
ausgeliefert der Intrige
und ihr seid die Boten.

Helfer, Verräter,
Irregeleitete, bringt mich zur Strecke.
Verachtung und Angst
meine steten Begleiter.

Ich weiß, ihr seid da!
Wo ich beginne zu sehen,
deckt ihr die Augen
mit Spinnengeflecht.

Klarsicht, Durchsicht –
ein Augenblick naht –
wo meine Sinne und Hände
beweglich das Gespinst zerreißen.

Rette

Bist du bei Sinnen, Kerl?
rette die wenigen, aber rette.
Dein Leben interessiere nicht?
Na, dann erst recht, rette!
Du hast deine Seele verloren?
Vor Jahren sagst du?
Nicht mehr bewegen von Händen,
die Finger sind steif.
Du hast doch den Willen!
Sag „Ja" zu der Richtung!
Rette dich, ich sage es brennt.

Ich sah mich im Spiegel

Im Spiegel heute morgen,
ich sah nicht lang hin,
da war etwas verborgen,
dass machte keinen Sinn.

Obwohl der Abend lange,
die Nacht darauf nur kurz,
wurd' mir beim Anblick bange.
Im Nachhinein ein Sturz.

Ich sah das Lächeln, leise,
ironisch, fast verspielt.
Es war auf des Betrachters Weise
mit Sicherheit gezielt.

Gesichte so am Morgen,
die drücken Tage aus.
Kein and'res ist zu borgen,
ein „Hier-bin-ich"-Strauß.

Ich wende mich nach hinten,
im Rücken Spiegelsicht,
entsinne list'ge Finten
fürs morgendliche Gesichtsgericht.

Unschuldig ?
Du nicht auch !?
Du bist geboren
verstrickt als Mensch
in Untergang
und Aufbegehren.
Milchshaker,
Sahnetreter.
Esop zum Hausgebrauch.
Frosch im Hals,
die Schuld ?
Dein pures Sein.
Im Überleben
kannst du nichts befreien.
Ich will !
Ich will sehen
meine Schuld,
die Grube,
den Fall,
auch den Flug
danach.
Trotz Ketten
schwerelos.
Unentschuldbar
frei.

Knecht,
    mit geschlossenen Augen
    innerlich erspürt.
    Begehrenswerte Tugend
    mit Scheffel
    bedecktem Licht.
    Die Wahrheit ist doch:
    du bist „unschuldig",
    denn dein Wissen,
    besser der Mangel
    macht dich frei von Schuldhaftigkeit;
    nicht vor den Menschen.
    Nicht Lenker,
    Empfänger
    und wenn du auch kreischt:
    du wüsstest es.
    Diese Schuld
    ist Fliegenschiss
    in Raum, der ist –
    Du,
    schuldest mir höchstens:
„Ein Bier bitte!"

Hochwasser,
Hosen hoch,
der Fluss über
den Ufern.
Überfluss.
Sandgesackter
Fehlversuch.
Schwemme,
Räusche:
Ich hab's ja !
Wasser im Haus,
in Flaschen Getränke,
Essen auch.
Tauchpumpen,
in Bad, Keller
und Swimmingpool.
Die terristische Antenne,
die Schüssel am Bad,
Kabel überlegen.
Bedient
per Schiff des Hummers
wässriges Auge;
Trauer
dahingeschieden
über
den Fluss.

Carpe diem ?
Wie denn.
Wenn ich
nur Nachts lebe ?
Auf deine Weise !

Männerlachen

Frisch gewaschen,
das Gehirn geputzt,
klare Linien
Leere.

Einflussfrei,
einflusslos,
Fronten
nur nach innen.

Haare gekämmt,
glatt wie die Gedanken.
Schrankenlos
und eckenfrei.

Nägel kurz,
geschnitten, sauber,
alles akkurat,
Binder ohne Tadel.

Süßholzraspeln,
Männerschnack,
fachchinesisch
hohlraumausgefüllt.

Kein Problem
wird ausgelassen,
wenn nur Lust
das Lachen macht.

Nach fünf Bieren
schließt der Schalk
die Türen zu.
Der kleine Geist gibt Ruh'.

Sprüche
stürzen wie Steinbrüche,
ohne Kontrolle,
ohne Dynamit,
ohne vorheriges Horn,
Alarm blasend.

Er fällt
der Baum der Worte,
fällt ohne Marken.
Er fällt vom Gewicht
der welkenden Blätter,
lose Worte wiederholt.

Geschosse,
aus Nadeln und Steinen,
unkontrolliert, unmarkiert,
besticht durch Brisanz,
durch Schärfe
und Spritzigkeit des Stichs.

Geschwätz,
Geschwätzigkeit, ich rede,
Hauptsache, das.
Hilflose Leere
meines Gehirns –
mittelaktiv strahlendes Nichts.

Die Wut, die Nacht, ich liebe

Wenn die Wut
im Osten aufgeht
und auf dein Frühstück scheint,
dann mittags
die Hitze der zusammengebissenen Zähne,
mit Splitterwirkung,
nach Kühlung ruft
und keine Kraft
das Mahlwerk öffnet,
sprecht mich nicht an.
Ein Krampfgefühl
macht jedes Stimmband
stumm.

Am Abend
weht der Wind.
Die geballten Fäuste
sind in den Taschen
aufgegangen
und zählen das Geld.
Sanft streicht eine Brise
die tiefen Falten
aus der Stirn.
Die Lippen kräuseln
zum Lächeln sich –
verloren.
hat der helle Tag
sein zorniges Gesicht.
Die Kühle
auf den Wangen
befreit den lauten Schrei
aus den Verließen:
Oh, holde Nacht,
ich liebe dich.

Kümmert Euch

Halt dich da raus,
kümmere dich nicht.
Scher dich um deinem Dreck !

Lass die Nachbarn sterben,
sie ihre Kinder schlagen,
ihre Hunde quälen,
aber halt dich zurück.

Laß dich quälen,
deine Kinder erschlagen,
deine Seele sterben.
Scher dich weg !

Weiß ich von heute,
weiß ich von gestern,
kenn ich die Zeit.

Morgen erschlug ich sie
noch nicht.
Besorgnis erregend,
Bangen ums Leben.

Quält weder die Kinder
noch mich.
Lasst morgen die Nachbarn
nicht sterben
und schützt mir die Hunde
vor Not.

Kümmert euch
um meinem Dreck !

Weg der Träume

Mal wieder einen schönen Traum,
mal wieder zu Hause,
mal wieder froh sein.
Mal wieder,
nichts für Sprachpuristen,
Germanisten, Publizisten,
Fanatiker, Rhetoriker.
Mal wieder,
immer wieder, öfter,
nicht nur ein Mal.
Mal wieder,
sich wohl in der eigenen Haut,
die Wünsche von anderen fühlen.
Mal wieder
trocken und hinter den Ohren
gescheit fragen.
Mal wieder
gesund und tun
was mir gefällt,
einfältig, vielfach.
Mal wieder Kind sein,
mit Intelligenz ohne
Erwachsenenangst.
Mal wieder in den Wald,
urwüchsig, Ruhe.
Uhrenkanon am Handgelenk.
Hut auf dem Kopf,
Toilettenrolle auf Ablage,
Wohlwollen auf dem Beifahrersitz,
Kondom überm Gefühl.
Garantiertes Glück...
Mal wieder,
geschmecktes Essen,
Essen das schmeckt.
Sechs Richtige, ja.
Einmal!
Mal wieder einen,
richtiger als andere,
einen richtig guten,
der wohltut, frei macht,

Folgeseite

sauber befriedigt
und sensationell
beglückt.
Mal wieder
geschmiedet, geschmolzen,
allein mal wieder.
Ich tue es,
doch wieder einmal –
dieses Mal *nicht*.

Die Lesung

Neunmal
die Bibel gelesen,
achtmal
das Telefonbuch
von Braunschweig,
die Gelben Seiten.
Meine Belesenheit
ist sprichwörtlich.
Wann
treffe ich
den Gleichgesinnten,
wo Bildung
austauschbar
mit mir verschmelze.
In Trauer
fange ich nun an
den nächsten
Postbezirk
zu lesen und Nägel zu kauen.
Einsam
werde ich
ein zehntes Mal
die Bibel lesen
und Korrekturen
tunlichst
übersehen.

Beschreibung der Plakate bzw. Grafiken dieses Gedichtsbandes:

„Die Kraft der Kinder" Seite 11 :

> entstand anlässlich des „Jahr des Kindes" im Zusammenhang einer Ausstellung der „KunstKooperative Braunschweig" zu dem Thema. Die Rötelzeichnung stammt vom Autor, das abgedruckte Gedicht Zitatweise von Camil Kibran. Das Plakat hängt in einigen hundert Wohnungen.

„Wahrheit" Seite 45 :

> Entstehung April 1999, während der Nato-Angriffe auf Belgrad. Gedicht und Plakat-Layout vom Autor.

„New York" Seite 61 :

> Nach dem Bestürzung, Angst, Trauer über den Anschlag vom 11. September 2001 einer nüchternen Betrachtung platzgemacht hatten, entstand dieses Plakat. Text und Layout der Autor.

„Unser Morgen in eurer Hand" Seite 91 :

> Februar 2003 ist die Entstehungszeit, aus Ärger und Zorn über die „Arroganz der Macht". Es war die Vorbereitungszeit für den Angriff auf den Irak. Text der Autor, Bildmaterial Internet.

„Der Patriot" Seite 99 :

> Grund wie bei dem voran besprochenen. Beide Plakate hingen an öffentlichen Orten aus.

„Härte 10" Seite 109 :

> Das Gedicht entstand im Februar 1999 mit einem anderen Hintergrund. In 2002 wurde das Plakat in seine jetzige Form montiert. Öffentliche Wahrnehmung der „rechten Szene" war der Grund. („Härte 10" ist übrigens die größte Härte und zwar von Diamanten).

„Wochen später" Seite 133 :

> Dezember 2001, die Welt scheint in der „Normalität" angekommen und Betroffenheit weicht Heuchelei.

„Summer in the City" Seite 157 ,
„Hinter den Wolken" Seite 171 ,
„Ein Zeichen" Seite 189 und
„Die Kastanie" Seite 201 sind selbsterklärend. Texte und Layout der Autor.

> Alle Plakate hingen in einer Ausstellung der Braunschweiger Szene.